Archäologie an Tatorten
des 20. Jahrhunderts

Archäologie an Tatorten des 20. Jahrhunderts

CLAUDIA THEUNE

THEISS

Sonderheft 06/2014
Jahrgang 02/2014
der Zeitschrift »Archäologie in Deutschland«

Frontispiz:
Geschirr aller Art findet sich zahlreich in den ehemaligen Konzentrationslagern.

Umschlagabbildung Titelseite: Blick auf die KZ-Gedenkstätte Mauthausen mit der Stacheldrahtumzäunung und den noch vorhandenen Häftlingsbaracken des Hauptlagers. Eingeblendet sind Erkennungsmarken US-amerikanischer Soldaten, die in einer Abfallgrube des ehemaligen Lilienthal-Zwangsarbeiterlagers in Berlin-Tempelhof gefunden wurden. (Foto KZ-Gedenkstätte Mauthausen: UHA Wien, Judith Benedix; Foto Erkennungsmarken: FU Berlin, J. Meyer).

Rückseite: links Tasse mit Sandmännchenmotiv aus der Müllgrube in Sachsenhausen (Anne Kathrin Müller, Berlin); Mitte: freigelegte Schützengräben des Ersten Weltkriegs (UHA Wien, Claudia Theune); rechts: Kinderschuh aus dem Konzentrationslager Buchenwald (UHA Wien, Judith Benedix).

Die Deutsche Nationalbibliothek verzeichnet diese Publikation in der Deutschen Nationalbibliografie; detaillierte bibliografische Daten sind im Internet über http://dnb.d-nb.de abrufbar.

Der Konrad Theiss Verlag ist ein Imprint der WBG

© 2014 by WBG (Wissenschaftliche Buchgesellschaft), Darmstadt
Die Herausgabe des Werkes wurde durch die Vereinsmitglieder der WBG ermöglicht.
Gestaltung und Produktion: Verlagsbüro Wais & Partner, Stuttgart
Gedruckt auf säurefreiem und alterungsbeständigem Papier
Printed in Germany

Besuchen Sie uns im Internet: www.wbg-wissenverbindet.de

ISBN 978-3-8062-2961-5
ISSN 0176-8522

Inhalt

6 **Vorwort**

9 **Beginn und Entwicklung einer zeitgeschichtlichen Archäologie**

18 **Wort – Bild – Objekt: Drei Quellen und ihre Aussagemöglichkeiten**
19 Aussagekraft der Objekte
23 Geschriebene und gesprochene Worte
24 Darstellungen der Bildquellen

26 **Der Erste Weltkrieg**
28 Schlachtfelder im Westen Europas
30 Grabenkunst
31 Tod auf dem Schlachtfeld
32 Weitere Kriegsschauplätze
33 Kriegsgefangenenlager bei Quedlinburg

34 **Der Zweite Weltkrieg**
34 Massengräber von Katyn
36 NS-Lager als Fundorte
39 Anfänge in Deutschland: Witten-Annen
40 Konzentrationslager Buchenwald
41 Konzentrationslager Sachsenhausen
43 Konzentrationslager Mauthausen
52 Untersuchungen in den Außenlagern
53 Anfänge in Polen
57 Niederlande, Frankreich, Großbritannien
58 Andere Tatorte des nationalsozialistischen Terrors
61 Alltagsgegenstände aus ehemaligen Internierungslagern
65 Bunker und Flaktürme
68 Schlachtfelder
69 Ruinen nationalsozialistischer Bautätigkeiten

71 **Der Kalte Krieg**
72 Ehemalige Sowjetische Speziallager
77 Zuckerdosen und andere Dinge
83 Entlang der Berliner Mauer

88 **Archäologie jenseits von Konflikten**

96 **Archäologie und Erinnerungskultur**

ANHANG
102 **Auswahl der Gedenkstätten und Museen**
106 **Literatur**
112 **Bildnachweis**

Vorwort

Mit einem Sonderheft zur zeitgeschichtlichen, d.h. zur Archäologie des 20. Jahrhunderts, wird ein Zweig dieser Disziplin aufgegriffen, der zwar sehr jung ist, sich aber auch inzwischen weltweit etabliert hat. Seit rund 25 Jahren werden in Deutschland Plätze ausgegraben, die für die deutsche Geschichte des 20. Jahrhunderts schmerzvoll, aber auch prägend gewesen sind. Abgesehen von den Mitte der 1980er-Jahre nicht von Archäologen durchgeführten Freilegungen auf dem Gelände der Gestapo und des Reichssicherheitshauptamtes in Berlin waren es Grabungen des Landschaftsverbandes Westfalen-Lippe, Amt für Bodendenkmalpflege, die in Witten-Annen, einem Außenlager des Konzentrationslagers Buchenwald, erstmals Baracken an einem bis dahin vergessenen Ort der nationalsozialistischen Gewaltherrschaft offenlegten. Der Berliner Fundort ist heute weltweit als Mahnmal des Terrors bekannt; in Witten-Annen gibt es eine kleine, nicht leicht zu findende Gedenkstätte, an der die Gebäudegrundrisse zu erkennen sind, und ein Stein erinnert an die dort Inhaftierten und deren Schicksal. Eine verstärkte historische Beschäftigung mit der NS-Zeit bedingte auch zahlreiche Grabungen in den ehemaligen Konzentrationslagern und an anderen nationalsozialistischen Tatorten im In- und Ausland. Zusätzlich kamen Fundorte hinzu, die im Zusammenhang mit dem Ersten Weltkrieg oder auch dem Kalten Krieg stehen.

Auslöser der Forschungen war häufig die Auseinandersetzung mit der eigenen Geschichte. Die Aufdeckung und auch Wiedersichtbarmachung oberägig nicht mehr erkennbarer Strukturen ehemaliger Lager, Schlachtfelder oder anderer Kriegsrelikte, aber auch bedeutender Industriedenkmäler, hängt somit ganz wesentlich damit zusammen, dass in Vergessenheit geratene Orte wieder in Erinnerung gerufen werden, dass dort ein Gedenken stattfinden und in Museen über diesen Teil der eigenen Vergangenheit aufgeklärt werden kann. Zwar sind wir durch unzählige andere Quellen über die Geschichte und Katastrophen des 20. Jahrhunderts detailliert informiert, jedoch tritt mit den Ausgrabungsbefunden ein zusätzliches, sehr anschauliches Medium hinzu, das die ehemaligen Strukturen leicht fassbar werden lässt. So ging es bei vielen Initiativen darum, verdeckte Relikte wieder sichtbar zu machen. Die archäologischen Analysen führten zu Resultaten, die einerseits das bekannte Wissen modifizierten oder erweiterten, andererseits aber dank der speziellen Aussagekraft der Artefakte neue Perspektiven eröffneten, die in dieser Weise aus Schriftdokumenten, Zeitzeugenberichten, Fotografien oder sonstigen Bilddokumenten nicht bekannt waren.

Für die Denkmalämter der 16 deutschen Bundesländer, aber auch für die entsprechenden internationalen Behörden gehört die Dokumentation der Überreste aus den beiden Weltkriegen und dem Kalten Krieg inzwischen zum üblichen Tagesgeschäft. Bei Ausgrabungen oder Unterschutzstellungsverfahren werden diese in gleicher Weise behandelt wie unser prähistorisches oder mittelalterliches Erbe. Auch an den Universitäten wird zunehmend – bei entsprechend Kapazitäten – die Neuzeit in vollem Umfang, d.h. von der Renaissance bis zur Zeitgeschichte, abgedeckt.

Die Integration unserer jüngsten Vergangenheit in archäologische Analysen kann als Abschluss der Wissenschaftsentwicklung in Bezug auf die untersuchten Epochen verstanden werden. Archäologie als Disziplin, die den Menschen und seine Handlungsweisen auf Basis der materiellen Hinterlassenschaften in den Blickpunkt stellt, reicht damit vom ersten Auftreten der Hominiden bis in die Gegenwart. Die komplementäre Berücksichtigung weiterer historischer Schrift- und Bildquellen, wie es für Untersuchungen mittelalterlicher oder neuzeitlicher Komplexe üblich ist, bietet für die jüngeren Zeitabschnitte zusätzlich die Chance, die verschiedenen Quellen und deren spezifisches Aussagepotenzial für die Interpretationen zu nutzen. Aktuelle methodische Auswertungsstrategien von dinglichen Hinterlassenschaften erlauben einen tieferen Einblick in damalige Lebensweisen.

Bei der Konzipierung des Bandes erschien es nicht sinnvoll, eine Darstellung der zeitgeschichtlichen Archäologie, die das 20. Jahrhundert in den Fokus stellt, ausschließlich auf Deutschland innerhalb seiner derzeitigen Grenzen zu beschränken. Die territorialen Grenzen wurden im 20. Jahrhundert mehrfach verändert. Zudem haben deutsche Soldaten beider Weltkriege bzw. die Nationalsozialisten in den 1930er- und 1940er-Jahren sowie die deutsche Teilung und deren Auswirkungen auf die globale Geschichte tiefgreifende Spuren auf europäischen Schlachtfeldern,

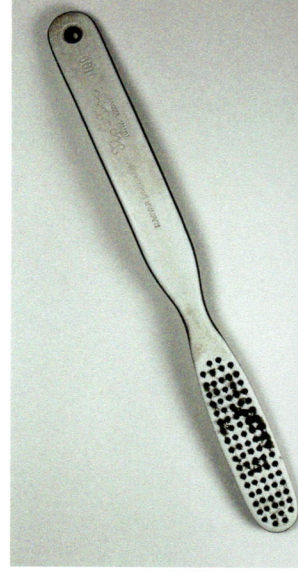

Die Funde zeigen u. a., dass Menschen aus unterschiedlichen Ländern in einem Lager inhaftiert waren. Die kleine Medaille eines Geistlichen stammt aus Frankreich, die Zahnbürsten sind in Ungarn gefertigt worden, das fragmentierte Metallobjekt weist eine kyrillische Inschrift auf, der Besitzer kam also aus der Sowjetunion.

in ehemaligen Konzentrations-, Zwangsarbeiter- oder Kriegsgefangenenlagern in den damals besetzten deutschen Gebieten und an vielen anderen Orten hinterlassen. Weitere dingliche Überreste von deutschen Kriegsgefangenen, die in den USA oder Kanada inhaftiert waren, zeigen, dass eine zeitgeschichtliche Archäologie, die Deutschland in den Mittelpunkt stellt, immer auch eine globale Perspektive berücksichtigen muss. Als weitere Beispiele seien Gegenstände mit kyrillischen, ungarischen oder auch französischen Inschriften von sowjetischen, ungarischen oder französischen Gefangenen in Konzentrationslagern des nationalsozialistischen Deutschen Reichs genannt. Umgekehrt finden sich Objekte mit deutschen Inschriften in kanadischen oder amerikanischen Kriegsgefangenenlagern. Deutsche Soldaten wurden auf den Schlachtfeldern an der Westfront in Flandern getötet und bei Ausgrabungen wieder geborgen. Somit behandelt dieser Band auch Fundorte jenseits unserer heutigen Landesgrenze. Hinzu kommt, dass die Autorin nicht nur in Deutschland forscht, sondern – bedingt durch den derzeitigen Wirkungsort – in Österreich und bei zahlreichen europäischen Projekten als Kooperationspartnerin mitarbeitet.

Zeitgeschichtliche Archäologie wird häufig vornehmlich mit den Relikten der Nationalsozialisten in Verbindung gebracht. Insbesondere die ehemaligen Konzentrationslager waren Ziel von Ausgrabungen in Deutschland, aber auch in Polen. In Großbritannien, Frankreich und Belgien widmete man sich intensiv den Überresten des Ersten Weltkriegs, seit einigen Jahren ebenso jenen des Kalten Kriegs. Diese drei das 20. Jahrhundert beherrschenden Phasen stehen denn auch im Mittelpunkt des vorliegenden Buchs. Eine konsequente Forschung beschränkt sich jedoch nicht nur auf diese Thematik, sondern nutzt die Aussagekraft archäologischer Objekte zugleich für weitere Fragestellungen. So werden bei der historischen Betrachtung von Ortschaften oder Industrieanlagen auch die jüngsten Überreste mit einbezogen, um ein vollständiges Bild des Fundorts und all seiner Zeitschichten zu erhalten. Beispiele aus diesen Bereichen ergänzen die Ausführungen.

Ich danke der Wissenschaftlichen Buchgesellschaft und Jürgen Kron (Programmleitung Geschichte) für

die Chance, den Stand der Forschung zur zeitgeschichtlichen Archäologie in der Reihe der Sonderhefte der »Archäologie in Deutschland« präsentieren zu können. Für die vielfältige Unterstützung möchte ich dem Verlagsbüro Wais & Partner und seinen MitarbeiterInnen, insbesondere Tina Steinhilber, nachdrücklich danken. Judith Benedix hat dankenswerterweise etliche redaktionelle Arbeiten übernommen und zahlreiche Bildvorlagen bearbeitet.

Mein herzlicher Dank und meine besondere Verbundenheit gilt vielen Kolleginnen und Kollegen, mit denen ich in den vergangenen Jahren intensiv Themen der zeitgeschichtlichen Archäologie diskutiert habe. Äußerst fruchtbar waren die vielen Kooperationen in ganz Europa, stellvertretend erwähnen möchte ich Reinhard Bernbeck (Berlin), Koos Bosma (Amsterdam), Gillian Carr (Cambridge), Marek Jasinski (Trondheim), Andrzej Koła (Torun), Rob van der Laarse (Amsterdam), Paul Mitchell (Wien), Anne Kathrin Müller (Wünsdorf), Bertrand Perz (Wien), Susan Pollak (Berlin) und Caroline Sturdy Colls (Stoke-on-Trent). In Wien haben zusätzlich Natascha Mehler, Barbara Hausmair und Judith Benedix die Arbeit an dem Buch mit konstruktiven Kritiken und zahlreichen Diskussionen freundlicherweise begleitet. Mein besonderer Dank gilt außerdem den LeiterInnen und MitarbeiterInnen zahlreicher Gedenkstätten und vielen Kollegen im In- und Ausland für die äußerst kooperative Zusammenarbeit und die großzügige Überlassung von Archivmaterialien, Grabungsdokumentationen und Bildvorlagen, exemplarisch seien Barbara Glück und ihre MitarbeiterInnen im Archiv vom Mauthausen Memorial, Günter Morsch und seine MitarbeiterInnen von der Gedenkstätte und Museum Sachsenhausen, Jörg Skriebleit und seine MitarbeiterInnen von der KZ-Gedenkstätte Flossenbürg und Ronald Hirte von der Gedenkstätte Buchenwald genannt. Ebenso möchte ich meinen großen Dank den Denkmalpflegebehörden in Deutschland und Österreich aussprechen, insbesondere dem Brandenburgischen Landesamt für Denkmalpflege und Archäologischen Landesmuseum (Franz Schopper und Thomas Kersting) sowie dem Bundesdenkmalamt Österreich, Abteilung für Archäologie (Bernhard Hebert), Archäologie für Oberösterreich (Heinz Gruber) und Kärnten (Jörg Fürnholzer) für die sehr gute Zusammenarbeit bei den Projekten der vergangenen Jahre. Wesentlichen Anteil an meinen Forschungen haben zusätzlich zahlreiche Studierende in Berlin und Wien, die mit großem Engagement mit mir die Tatorte des 20. Jahrhunderts untersuchen und so mithelfen, dass das Gedenken an die Opfer, die an diesen Orten umkamen, mit neuen Erkenntnissen weitergetragen wird.

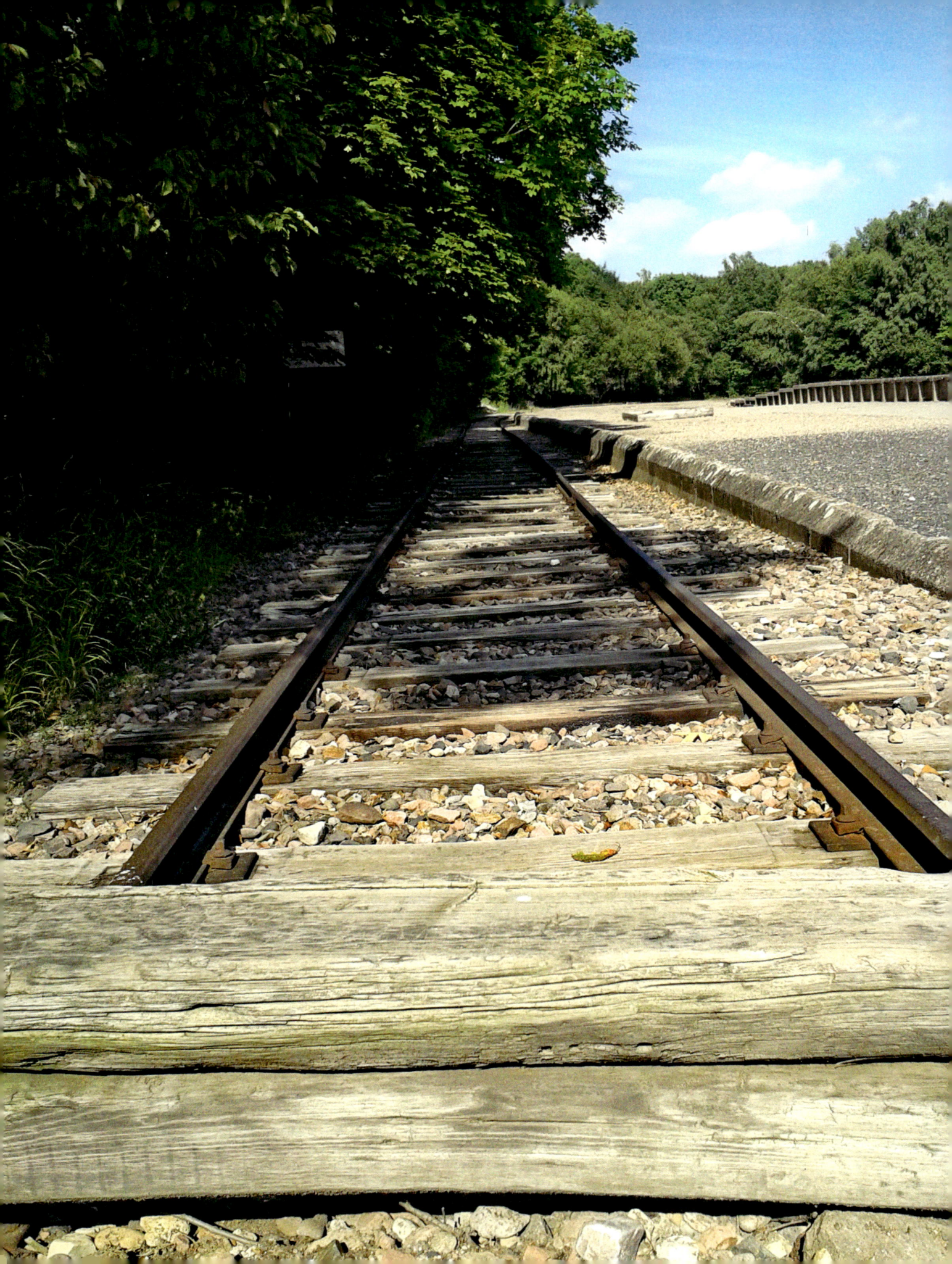

Beginn und Entwicklung einer zeitgeschichtlichen Archäologie

Ansätze einer zeitgeschichtlichen Archäologie, die sich vornehmlich mit der Geschichte und Kultur bzw. den Hinterlassenschaften des 20. Jahrhunderts beschäftigt, sind in Europa seit ca. 25 Jahren zu konstatieren. Weltweit liegen erste Untersuchungen schon nahezu 40 Jahre zurück. Es ist der Abschluss einer langjährigen Entwicklung des Fachs Archäologie, das sich besonders in den letzten 70 Jahren in vielen Bereichen umfassend verändert hat. Im interdisziplinären natur- und geisteswissenschaftlichen Diskurs ist der Methodenkorpus erheblich vergrößert worden, genuin archäologische und nachbarwissenschaftliche theoretische Grundlagen wurden weiterentwickelt, etliche Befund- und Objektkategorien sind neu hinzugekommen, Raum und Zeit als Untersuchungsgegenstand haben sich ausgeweitet.

Zunächst – und dies entspricht der langjährigen Bezeichnung des Fachs – beschränkten sich die Forschungen in Europa bzw. nördlich der Alpen auf die Ur- und Frühgeschichte. Bestimmend war die Beschäftigung mit der materiellen Kultur, die die ausschließ-

liche Grundlage für die Untersuchung menschlicher Lebensformen, menschlichen Handelns bzw. von Gesellschaften und Kulturen bildete. Lediglich für einige Zeiten und Räume konnten Bilder hinzugezogen werden oder vereinzelte Schriftquellen, die häufig nur eine Außensicht ermöglichten. So beschäftigte sich die Ur- und Frühgeschichte im Prinzip lediglich mit den materiellen Hinterlassenschaften der Zeit bis etwa 800 n. Chr., ohne dass eine dezidierte und detaillierte Auseinandersetzung mit schriftlichen Quellen notwendig oder auch möglich war.

Längst hat sich eine Archäologie des Mittelalters und der (frühen) Neuzeit entwickelt und wirksam etabliert, und die Beschränkung auf ältere schriftlose oder schriftarme Zeiten ist aufgehoben. Grabungen, Untersuchungen und Analysen durch Denkmalpflegebehörden und Forschungseinrichtungen an neuzeitlichen Fundorten bis in das 20. Jahrhundert nehmen immer weiter zu, und auch die Ausbildung der Studierenden wird dementsprechend sukzessive erweitert. So entstand eine zeitgeschichtliche Archäo-

Links: Bahngleis des Bahnhofs am ehemaligen Konzentrationslager Buchenwald, hier kamen die Transporte der Häftlinge an, anschließend wurden sie in das Lager getrieben.

Rechts: Die Ausgrabung in Flossenbürg (Bayern) zeigt deutlich, wie dicht die Fundamente unter der Oberfläche liegen. Hier zu sehen am Beispiel des östlichen Eingangs der ehemaligen Bordellbaracke.

logie, die, noch stärker als bei älteren Epochen, im engen Zusammenspiel mit vielen kulturhistorischen und sozialwissenschaftlichen Nachbardisziplinen sowie einem breiten Theorie- und Methodenspektrum arbeitet und neue Erkenntnisse für den jüngsten Abschnitt unserer Geschichte liefert.

Ein entscheidender Auslöser für diese Entwicklung waren Untersuchungen in kriegszerstörten deutschen Städten. Die mittelalterliche und frühneuzeitliche Archäologie konzentrierte sich zunächst vornehmlich auf Städte, erst später richtete sich der Blick auch auf Dörfer oder kleinere Siedlungen. Schließlich folgten andere, teils neue Befundkategorien wie mittelalterliche oder neuzeitliche Friedhöfe, Industriedenkmäler, Schlachtfelder, Richtplätze oder NS-zeitliche Konzentrationslager.

Eine zweite Ursache für die Erweiterung des Fachs waren Überlegungen zur zeitlichen Begrenzung auf das Frühmittelalter. Dessen Ende markiert keinen Schlusspunkt, alle Formen menschlicher Lebenswelten setzen sich weiter fort und wandeln sich fortwährend, was sich auch in der materiellen Kultur und den im Boden erhaltenen Strukturen niederschlägt. So war es ein natürliches und verständliches Anliegen, die lange gültige Grenze der Ur- und Frühgeschichte am Ende des Frühmittelalters zu überwinden und einen Blick in die nachfolgenden Phasen zu werfen. Stand zunächst das Hochmittelalter im Fokus der Archäologen, folgten bald das Spätmittelalter, die Zeit der Reformation, die frühe Neuzeit, die Moderne oder die Industrialisierung. Diese Entwicklung mündete fast zwangsläufig in die Zeitgeschichte.

Im Zuge dessen musste auch die durch unterschiedliche Institutionen oder Disziplinen wie Bodendenkmalpflege, Archäologie und Baudenkmalpflege, Kunst- oder Architekturgeschichte festgefügte Nulllinie hinterfragt werden. Archäologische Denkmäler befinden sich nicht ausschließlich unter der Erdoberfläche, Ausgrabungen im klassischen Sinne sind daher nicht immer notwendig. Es gibt schon aus urgeschichtlichen oder römischen Zeiten viele Strukturen, die oberirdisch erhalten sind und seit Langem archäo-

Archäologische Forschungen beziehen sich nicht nur auf Strukturen im Boden, sondern es werden auch aufrechtstehende Gebäude untersucht, um Näheres zur Erbauung und weiteren Veränderungen während des Zweiten Weltkriegs, aber auch der Nachkriegszeit zu dokumentieren, bei einer Ausgrabung (links) und auf einem zeitgenössischen Foto kurz nach Kriegsende (rechts).

Die Not der Menschen wird durch einen Schuh aus Lager 3 in Mauthausen besonders deutlich. Er wurde von einem Häftling aus einfachen Materialien gefertigt und mit kleinen Nägeln zusammengeheftet. So musste er nicht barfuß gehen und konnte seine Füße wenigstens etwas schützen.

logisch erforscht werden. Auch die zeitgeschichtliche Archäologie untersucht häufig obertägige Objekte. Sinnvolle historische Erkenntnisse etwa zur detaillierten Geschichte von Gebäuden und Anlagen aller Art mit sämtlichen Umbaumaßnahmen und Veränderungen sind nur bei einer gemeinsamen Betrachtung ober- und untertägiger Befunde zu erwarten. So kann es auch zweckmäßig sein, ausschließlich in der Landschaft kaum verborgene Mauerreste oder andere Relikte zu studieren, denn auch so steht die genuine Quelle der Archäologie, die materielle Hinterlassenschaft, im Vordergrund. Die eine oder andere Phase wegzulassen führt zu unvollständigen Resultaten. Dies bedeutet zugleich, dass – nicht nur – in der zeitgeschichtlichen Archäologie Bauforschungen und intensive Archivrecherche von historischen Schrift- oder Bilddokumenten erforderlich sind.

Hervorgehoben werden kann allerdings die besondere Aussagekraft der archäologischen Quellen im Vergleich zu schriftlichen oder bildlichen. Die unzähligen materiellen Reste gewähren insbesondere Einblicke in das Alltagleben, das in anderen Dokumenten auf diese Weise nicht festgehalten wird. Schon für ältere Zeiten wurde stets betont, dass anhand der Artefakte Aspekte des täglichen Lebens erforscht werden können; dies gilt in gleichem Maß für die zeitgeschichtliche Archäologie. Die Objekte, mit denen die Menschen im Frieden wie im Krieg agiert und gelebt haben, die sie tagtäglich gebrauchten, um sich zu kleiden, zu essen und zu trinken, um zu woh-

nen, zu arbeiten, religiöse oder profane Bräuche zu praktizieren, um ihre Freizeit zu gestalten und vieles mehr, gehören zu den Stärken des Fachs, auch in Bezug auf das 20. Jahrhundert.

Schon vor 20 Jahren wurde in der Konvention von Valetta zum Schutz des archäologischen Erbes auf europäischer Ebene eine Übereinkunft getroffen, die die ältere Beschränkung auf die Ur- und Frühgeschichte revidierte und auch jüngere Relikte anerkannte. Diese Konvention baut in wichtigen Punkten auf der Charta für den Schutz und die Pflege des archäologischen Erbes auf, die vom Internationalen Rat für Denkmalpflege (ICOMOS = International Council on Monuments and Sites) 1989 in Lausanne verabschiedet wurde. So zählen alle Überreste und Dinge, also Bauwerke und Gebäude sowie bewegliche Gegenstände und sonstige menschliche Spuren zum archäologischen Erbe, wenn deren Bewahrung und Untersuchung mit dazu beiträgt, die Geschichte der Menschheit zu erforschen. Es wird zudem festgehalten, dass das archäologische Erbe Quelle der gemeinsamen europäischen Erinnerung ist.

Nach Veröffentlichung der Konvention von Valetta wurden die föderalen oder nationalen Denkmalschutzgesetze in Europa so geändert, dass eine enge Zeitgrenze keine Relevanz mehr hat. Zwar gibt es in unterschiedlichen europäischen Staaten verschiedene zeitliche Ansätze für mittelalterliche und neuzeitliche Epochen, entscheidend ist jedoch, dass stets archäologische Funde und Befunde für die Erforschung der gesamten Menschheitsgeschichte anerkannt und somit als Erkenntnisquelle genutzt werden. Der Schutz von Kulturgut auf europäischer bzw. globaler Ebene wurde in den letzten 15 Jahren noch durch die Konvention zum Schutz des Kulturerbes unter Wasser (UNESCO convention on the Protection of the Underwater Cultural Heritage, 2.11.2001), den europäischen Kodex von Verfahrensregeln bzgl. Archäologie und Stadtplanung (Straßburg 10. März 2000) sowie die UNESCO-Resolution zum Schutz des Kultur- und Naturerbes der Welt erweitert.

Die gemeinsame europäische Erinnerung bedeutet auch eine wesentliche Motivation für archäologische Aktivitäten. Häufig werden Orte ausgegraben, an denen sich die jüngere deutsche oder europäische Geschichte manifestiert hat, die jedoch abgetragen oder im Laufe der Zeit vergessen worden sind. Eine Zielsetzung bei der Ausgrabung zeitgeschichtlicher Fundstellen ist es zunächst einmal, nicht mehr erkennbare Überreste wieder freizulegen, um vergessene Geschichte – insbesondere der nationalsozialistischen Zeit – wieder in unser Gedächtnis zu rufen. Es geht also explizit um die Offenlegung und Dokumentation der unter der Grasnarbe verborgenen Befunde. Eventuell vorhandene Beschreibungen, Pläne, Fotografien oder Filme stehen hinter dem freigelegten, nun wieder sichtbaren Ort zurück; die so mögliche besondere Erfahrung und wiedererwachte Erinnerung am »authentischen Schauplatz« ist zentrales Moment.

Demnach stehen die aufgedeckten Zeugnisse unserer jüngsten Geschichte also häufig in Zusammenhang mit Arbeiten in Gedenkstätten und Museen, und die Archäologie übernimmt auch eine wichtige Funktion bei der politischen Bildung. In so genannten Workcamps arbeiten Jugendliche aus aller Welt bei der Freilegung von Strukturen mit, durch die sie Spuren der Gewaltherrschaft kennenlernen können und so ihr Bewusstsein für demokratische Werte und Toleranz gestärkt wird.

Im deutschsprachigen Raum, aber auch in Polen erfolgten archäologische Projekte zur Zeitgeschichte zunächst an Standorten ehemaliger Konzentrations- bzw. Vernichtungslager, d.h. sie waren auf die Zeit des Nationalsozialismus beschränkt. Um 1990 wurden im Außenlager von Buchenwald, in Witten-Annen, Barackengrundrisse freigelegt. Im Vernichtungslager Bełzec, heute im östlichen Polen, wurde wenige Jahre später durch Prospektionen die Position der Gebäude, einschließlich der Gaskammer, festgestellt. Die Arbeiten führten jeweils zur Errichtung von Gedenkstätten. Zugleich wurde für beide Fälle betont, dass die überlieferten Unterlagen wie Pläne oder sonstige Schriftdokumente sehr lückenhaft gewesen seien und erst durch die archäologischen Aktivitäten erstmals

ein Bebauungsgrundriss – zumindest der erfassten Bereiche – vorliege. Es folgten Untersuchungen in zahlreichen ehemaligen Konzentrationslagern, zunächst in den Hauptlagern, seit einigen Jahren aber auch in den vielen Nebenlagern, den Zwangsarbeiter- oder Kriegsgefangenen- und anderen Internierungslagern. Gerade abseits der Hauptkonzentrationslager existieren in den Archiven nur wenige Unterlagen dazu, sodass archäologische Methoden wesentlich zur Erforschung der Orte beitragen.

Seit den frühen 2000er-Jahren schlossen sich Projekte in Österreich, später auch in den Niederlanden, in Norwegen, Großbritannien oder Finnland an. Zunächst führte man grundsätzliche Erkundungen über noch erhaltene Relikte durch. Weitere Freilegungen machten auch dort Barackengrundrisse für Besucher wieder sichtbar. Detaillierte bauarchäologische Analysen an noch vorhandenen Gebäuden kennzeichnen Bauphasen der Nutzungszeit, aber auch spätere Veränderungen. Weiterhin geben die stets in großen Mengen entdeckten Objekte zusätzlich Aufschluss über Inhaftierte und Täter. Das Porzellangeschirr und Besteck der SS-Bewacher ist klar von den kargen Aluminiumnäpfen und Löffeln der Häftlinge zu unterscheiden und veranschaulicht eindrücklich die (Über-)Lebensbedingungen in den Lagern. Hinzu kommen baubegleitende Ausgrabungen im Zuge von Maßnahmen zur Neugestaltung der Gedenkstätten. Andere Aufgaben der Behörden betreffen z.B. die vielfältigen Überreste des Westwalls mit diversen Bunkern oder Panzersperren, deren denkmalpflegerischer Wert erkannt wurde und archäologische Betreuung erfordert, die aber aufgrund der unzähligen im Boden verborgenen Strukturen eine immense Herausforderung darstellen.

2014 jährt sich der Ausbruch des Ersten Weltkriegs zum 100. Mal, was zu weiteren Aktivitäten und zur Erfassung von Relikten dieser ersten Katastrophe des 20. Jahrhunderts führte. Besonders in Frankreich und Belgien rückten durch die Grabungen auf den großen Schlachtfeldern an der Westfront oder ein entdecktes Kriegsgefangenenlager bei Quedlinburg Fundorte des Ersten Weltkriegs in den Blickpunkt der Archäologie. Die Gegend zwischen Nieuwpoort und Ypern in Flandern sowie um Lille, Arras, Reims und Verdun ist voll von Bodenfunden des zermürbenden Stellungskriegs. Zahlreiche Schützengräben und Unterstände werden freigelegt, wobei immer wieder Gräber und Massengräber, aber auch unbestattete getötete Soldaten aufgefunden werden. Mitunter geben Erkennungsmarken die Identität preis, eine würdige Beisetzung und die Übergabe persönlicher Gegenstände sind dann möglich. Weiterhin werden große Mengen von Munitionsresten geborgen. Einen wichtigen Anteil machen Gegenstände aus, die von Soldaten während Kampfpausen oder auch Kriegsgefangenen aus Munitionsabfällen gefertigt wurden und die oft schon in den Bereich des Kunsthandwerks fallen (so genannte Trench Art).

Als jüngstes archäologisches Denkmal kann die Berliner Mauer betrachtet werden. Nach ihrem Fall und der schnellen Abtragung im Zusammenhang mit der deutschen Wiedervereinigung werden inzwischen mancherorts die noch im Boden befindlichen Überreste wieder ausgegraben und in Gedenkstätten präsentiert. Aber auch andere Fundstellen sind Gegenstand der Untersuchungen: So wurden einige der ehemaligen Konzentrationslager nach dem Zweiten Weltkrieg als Sowjetische Speziallager bis 1950 weitergeführt.

Die genannten Beispiele an Orten der beiden Weltkriege bzw. des nationalsozialistischen Terrors und des Kalten Kriegs können tatsächlich auf das 20. Jahrhundert beschränkt werden. Die Schlachtfelder, Konzentrations- und Kriegsgefangenenlager oder die Berliner Mauer spiegeln Ereignisse wider, die ausschließlich mit diesem Jahrhundert in Verbindung stehen. Zeitgeschichtliche Archäologie ist aber auch dort relevant, wo Geschichte zwar bis in das 20. Jahrhundert reicht, es jedoch zugleich eine Historie im 19. Jahrhundert oder früher gibt. Durch Einbeziehung aller Zeitschichten, auch der jüngsten Phasen, ist es möglich, die Vergangenheit eines Fundortes komplett zu erforschen.

Hier ist beispielsweise die Industriearchäologie anzuführen. Nach Untersuchungen in Manufakturen wie etwa frühen Porzellanfabriken folgten Recherchen in stillgelegten Zechen und Stahlbetrieben im Ruhrgebiet. Eine weitere Möglichkeit boten die devastierten Dörfer im Zuge des Braunkohletagebaus im Rheinland, in Südbrandenburg oder Sachsen. Es lag auf der Hand, nicht nur die mittelalterlichen und frühneuzeitlichen Strukturen, sondern die gesamte Geschichte von den Anfängen bis zur Absiedlung zu erfassen. Gemeinsam mit den Bild- und Schriftdokumenten sowie Zeitzeugenberichten ergibt sich so eine dichte Chronik der Dörfer von den Ursprüngen bis in jüngste Zeit.

Für die Geschichte der ersten Porzellanmanufaktur in Meißen ist die Ausgrabung der Brennöfen von großer Bedeutung: Es konnten die untersten Lagen freigelegt werden, dadurch war eine Rekonstruktion des Ofens möglich.

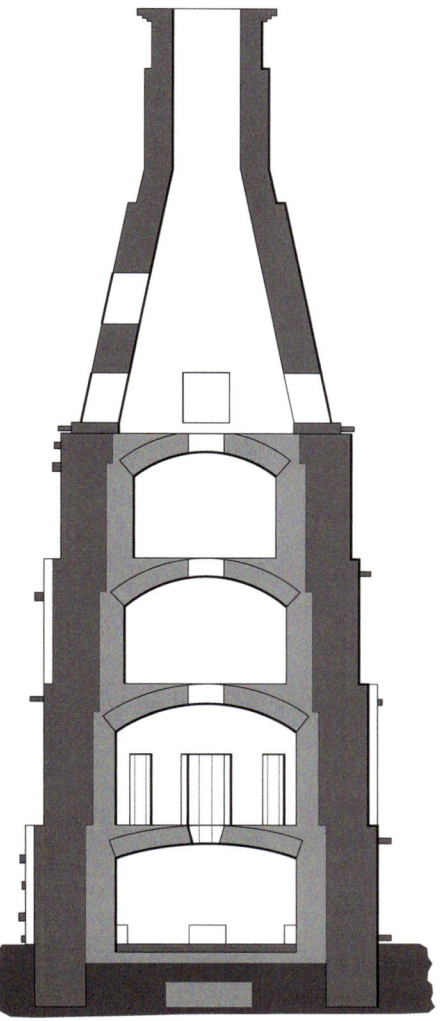

Umfangreiche Ausgrabungen haben in Jamestown, Virginia (USA), stattgefunden. Hier wurde 1607 zunächst ein Fort sowie die erste dauerhafte Siedlung der europäischen Kolonisten in Nordamerika gegründet. Dokumentiert sind u. a. Häuser, Brunnen, eine Palisade, eine Kirche und ein Friedhof; die jüngere Kirche steht noch aufrecht. 1699 wurde der Ort verlassen und in das nahe Williamsburg verlegt. Die Rekonstruktion vermittelt einen Eindruck des Ortes aus dem 17. Jahrhundert.

Während die zeitgeschichtliche Archäologie in Deutschland und Europa in den späten 1980er-Jahren ihren Anfang genommen hat und zu Beginn auch in fachwissenschaftlichen Kreisen noch um deren Erkenntnismöglichkeiten abseits der Zeitzeugenberichte oder Schrift- und Bildquellen diskutiert wurde, ist sie andernorts schon länger etabliert. Gerade in den USA, Australien oder auch Teilen von Afrika ist die wissenschaftliche Beschäftigung mit neuzeitlichen Funden und Befunden selbstverständlich und bedurfte nie einer Rechtfertigung. Unbestritten ist dort die Relevanz der jüngeren materiellen Hinterlassenschaften für die eigene Vergangenheit. Dies hängt auch mit den spezifischen Fragestellungen zusammen. Das Interesse galt und gilt z.B. den ersten eingewanderten Siedlern in den Kolonien der Neuen Welt und deren Verbindungen mit den Ursprungsregionen in Europa bzw. den wechselseitigen Bezügen über Generationen hinweg und den autochthonen Entwicklungen in einer multikulturellen Umwelt.

Beziehungen der weißen Siedler zur indigenen Bevölkerung oder den aus Afrika stammenden Sklaven wurden im Bewusstsein untersucht, dass die materiellen Reste des 18., 19. oder auch 20. Jahrhunderts zu diesem Themenkomplex wichtige Resultate liefern werden. An etlichen Fundorten existieren heute Ausstellungen, Denkmäler oder Mahnmale, sodass die Bevölkerung an den Forschungsergebnissen und damit an der eigenen Geschichte teilhaben kann.

Die zeitliche Erweiterung erfasst auch das 20. Jahrhundert. Es werden Orte sozialer Unruhen erforscht oder Relikte der ersten Atomversuche in der Wüste von Nevada. Zahlreiche Aktivitäten amerikanischer Archäologen widmen sich Stätten des Zweiten Weltkriegs. Ein interessantes Beispiel ist die USS Arizona, jenes Schlachtschiff, das am 7. Dezember 1941 mit zahlreichen anderen im Hafen von Pearl Harbor auf Hawaii beim japanischen Angriff versenkt wurde. Relativ unversehrt liegt es noch immer auf dem Grund des Hafens, lediglich die Aufbauten wurden abmontiert (s. Abb. S. 99). Schon in den 1960er-Jahren wurde quer über dem Wrack eine Gedenkstätte errichtet, seit den 1980-Jahren wird es immer wieder archäologisch untersucht. Inzwischen ist es ein vielbesuchtes Museum.

Weitere Unternehmungen konzentrieren sich auf Kriegsgefangenenlager in den USA für deutsche oder auch japanische Häftlinge. Bei Ausgrabungen z. B. in Whitewater in der kanadischen Provinz Manitoba, wo deutsche Kriegsgefangene des afrikanischen Corps inhaftiert waren, oder im texanischen Fort Hood sind Barackengrundrisse aufgedeckt und zahlreiche zeitgenössische Funde geborgen worden.

Doch auch Themen ohne Bezug zu den Weltkriegen werden behandelt. Ein gesellschaftlich äußerst relevantes Betätigungsfeld ist Müll. Ein Blick in die Abfalleimer von Privatpersonen oder auf die großen kommunalen Müllhalden gibt einiges über unseren Alltag und unsere Lebensformen preis. Ausgrabungen und Beobachtungen beim so genannten Garbage

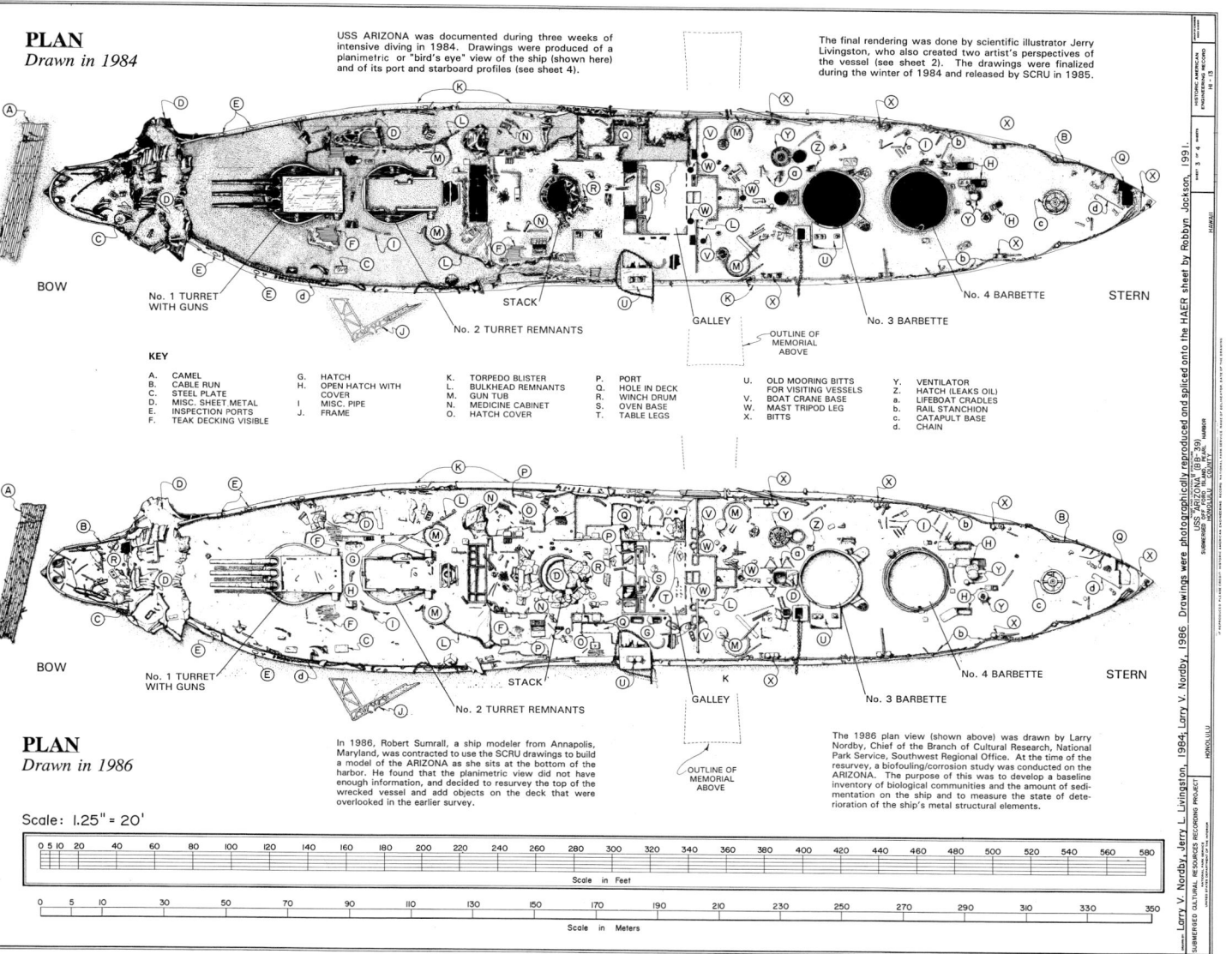

Zeichnung der USS Arizona, die am 7. Dezember 1941 in Pearl Habor auf Hawaii versenkt wurde.

Project auf amerikanischen Müllhalden erbrachten in den 1970er-Jahren die Erkenntnis, dass Papier eine ungeheure Menge des Mülls ausmacht. Dies führte zu ersten speziellen Papiersammlungen bzw. Recyclingmaßnahmen (s. a. S. 94). So kann der Archäologie bei aktuellen gesellschaftspolitischen Fragen eine bedeutende Rolle zukommen.

Auch im angelsächsischen Bereich ist eine Archäologie der Neuzeit, die zugleich die Moderne umfasst, seit Langem fest verankert. Insbesondere in England, wo die Industrialisierung zunächst eingesetzt hatte, war das Interesse an den ersten Produktionsanlagen und frühen Fabrikaten sehr groß. So engagierten sich u. a. Archäologen, um dieses wichtige historische Erbe zu dokumentieren, zu bewahren und die Öffentlichkeit auf diese Monumente der eigenen Geschichte aufmerksam zu machen. Dies schloss auch sehr große Denkmäler mit ein, wie beispielsweise die ältes-te eiserne Brücke über den Severn bei Coalbrookdale in der Grafschaft Shropshire oder das weit ausgebaute Kanalsystem aus der Zeit vor dem Aufschwung der Eisenbahn.

Und ebenso sind auf den Britischen Inseln die Relikte der beiden Weltkriege Gegenstand von Untersuchungen. Im Hinblick auf den 100. Jahrestag des Ersten Weltkriegs werden Bunker, Erdwerke und Grabensysteme, U-Boote, Flugzeuge oder Panzer erfasst, unter Denkmalschutz gestellt oder ältere Gedenkstätten restauriert und wieder hergerichtet. Von großer Bedeutung sind außerdem die Reste des nationalsozialistischen Konzentrationslagers auf der Kanalinsel Alderney und die zahlreichen Bunkeranlagen, die seit einigen Jahren erforscht werden.

Europaweit von Griechenland bis Norwegen sowie an vielen anderen Kriegsschauplätzen gibt es Schlachtfelder und Verteidigungssysteme, zahlreiche

Flugzeuge sind abgeschossen, U-Boote und andere Kriegsschiffe versenkt worden. Gerade in wenig bebauten Gebieten, etwa in den Hochalpen, befinden sich noch Wracks. Vor der englischen Südküste liegen im niedrigen Wasser 41 deutsche und drei britische U-Boote. Auch solche Objekte sind Ziel archäologischer Aktivitäten auf der ganzen Welt.

Seit etlichen Jahren werden Massengräber freigelegt, z. B. in Katyn oder anderen Orten stalinistischer Erschießungen bzw. in Ländern, wo Diktaturen herrschten und Menschen aufgrund ihrer Gesinnung ermordet wurden wie in Kambodscha, Ruanda, im Kosovo, in Argentinien oder Spanien. Die sorgfältigen Grabungsmethoden und detaillierten Dokumentationen helfen möglicherweise, Todesursachen festzustellen, persönliche Gegenstände zu bergen oder die Getöteten zu identifizieren. Anschließend kann eine Gedenkstätte errichtet werden, oder die Toten erhalten ein würdevolles Begräbnis. Biweilen erfolgt die Untersuchung in Zusammenarbeit mit dem internationalen Strafgerichtshof in Den Haag. So beginnt auch eine Auseinandersetzung mit der Zeit der Diktaturen, der eigenen Vergangenheit und der eigenen Geschichte; ein erster Schritt ist die Bergung der Opfer.

In den USA existiert eine Behörde, die weltweit nach vermissten eigenen Soldaten aus allen Kriegen sucht, insbesondere gilt dies für Crews von abgeschossenen oder abgestürzten Flugzeugen. Häufig lässt sich die Absturzstelle durch die bereits erwähnten Archivrecherchen recht genau lokalisieren. Vor Ort kann dann nach Überresten von Flugzeug und Mannschaft

gesucht werden. Erkennungsmarken oder andere persönliche Gegenstände, aber auch DNA-Analysen liefern Anhaltspunkte oder Belege für die Identität der Toten. Ziel ist eine Rückführung in die USA sowie eine würdige Bestattung.

Zeitgeschichtliche Archäologie muss in der Regel sehr weitläufige Fundorte und große Objekte erfassen. Massengräber oder mehrere Hektar große Schlachtfelder und Lager, ganze Dörfer und Industrieanlagen erfordern andere Strategien als kleinräumige Grabungen. Hier sind zunächst umfassende Recherchen nach Dokumenten wie Berichten, Zeitzeugenaussagen, Plänen oder Luftbildern notwendig. Digitale Höhenmodelle erlauben weitere Aussagen über mögliche noch vorhandene Überreste, Prospektionen informieren über die im Boden verborgenen Strukturen. Erst dann können – unter der Prämisse der jeweiligen Fragestellung – an gezielt ausgewählten Plätzen Grabungen stattfinden. Dabei sollte auch vorab überlegt werden, wie man in Zukunft mit den freigelegten Objekten umgehen will. Eine nachhaltige Sichtbarmachung von Fundamenten und Mauern erfordert auch nachhaltige Pflege. Dafür müssen die notwendigen finanziellen Mittel langfristig bereitstehen.

Die vornehmliche Beschäftigung mit ehemaligen Konzentrationslagern oder auch Kriegsrelikten führte zu Begriffen wie »KZ-Archäologie« bzw. im englischsprachigen Raum zu »Holocaust-Archaeology«, »Conflict-Archaeology«, »Combat-Archaeology« (Kampf-/Schlachtarchäologie), »Internment-Archaeology« (Internierungslagerarchäologe) und »Aviation-Archaeology« (Luftfahrtarchäologie). Oder es wurden der Erste Weltkrieg (Archaeology of the First World War [Great War/Grande Guerre]), der Zweite Weltkrieg (Archaeology of the Second World War) und der Kalte Krieg (Cold War Archaeology) betont. Diese Bezeichnungen greifen jedoch meiner Meinung nach zu kurz und erfassen nur Ausschnitte, aber nicht die komplette und komplexe Dimension all der Orte und Menschen, die Teil der Geschichte des 20. Jahrhunderts waren. Der Begriff »Holocaust« etwa bezieht sich eigentlich auf die Vernichtung und den Massenmord an Juden; ohne irgendetwas verharmlosen zu wollen ist festzustellen, dass zahlreiche Lager nicht auf den Massenmord ausgelegt waren, auch wenn dort viel zu viele Menschen ermordet wurden. Die Nutzungszeit der Lager variiert, und in einigen waren auch während des Kalten Kriegs Menschen inhaftiert und mussten sterben. Allein diese wenigen Hinweise mögen genügen, um die Eingeschränktheit der genannten Begriffe zu verdeutlichen. Daher wird der Terminus »zeitgeschichtliche Archäologie« verwendet.

Eine Archäologie der Neuzeit, die auch das 20. Jahrhundert mit einbeziehen, kann also eine Fülle

Dinge, die wir wegwerfen, geben einen Einblick in unser Leben. Im Papierkorb der Autorin fanden sich zerknüllte Papiere sowie die Verpackung von Druckerpatronen, die auf den Ausdruck des Manuskripts und das Einarbeiten handschriftlich aufgezeichneter Notizen hindeuten. Das Kerngehäuse eines Apfels und Schokoladenpapier zeigen das Essverhalten während der Arbeiten.

Auf dem Grund der Meere liegen zahlreiche U-Boote aus den Kriegen. An der Küste Kents, England, befindet sich noch ein deutsches U-Boot aus dem Ersten Weltkrieg.

von wichtigen Erkenntnissen zur Geschichte der letzten 100 Jahre beisteuern. Noch sichtbare oder auch unsichtbare Strukturen im Boden sowie die kleinen und großen Funde sind Zeugen der Vergangenheit und berichten von damaligen Begebenheiten. Häufig sind die Fundstellen des 20. Jahrhunderts mit traumatischen Geschehnissen und negativen Konnotationen verbunden; seltener sind bislang Plätze, an denen po-

sitive Erinnerungen hängen. Jedoch verpflichtet eine umfassende Auseinandersetzung mit der eigenen Geschichte auch zur Einbeziehung dieser leidvollen Phasen und zur Aufdeckung solcher Orte. So sind sie im wahrsten Sinne des Wortes haptisch wahrnehmbar, und historische Zusammenhänge lassen sich hier plausibel erklären. Dann kann eine bewusste Erinnerung einsetzen.

Wort – Bild – Objekt: Drei Quellen und ihre Aussagemöglichkeiten

Für urgeschichtliche schriftlose Epochen stehen materielle Hinterlassenschaften zur Verfügung, um Lebensformen und -bedingungen zu erschließen. Alles beginnt mit den ersten einfachen Werkzeugen des Paläolithikums. Im Laufe der Zeit wurde das Spektrum der Gegenstände dann immer reichhaltiger und differenzierter. Häufig stützt sich auch noch in der Mittelalter- und Neuzeitarchäologie die historische Interpretation überwiegend auf die Analyse der Objekte. Inzwischen erkennt man jedoch zunehmend das Potenzial anderer Quellen, die bei der Beurteilung berücksichtigt werden müssen.

Die Beschränkung der Ur- und Frühgeschichte auf dingliche Relikte kann fast als Sonderfall betrachtet werden, ist es doch für die archäologischen Disziplinen, die sich z.B. mit den antiken Mittelmeerkulturen beschäftigen, selbstverständlich, neben den im Boden erhaltenen Funden und Befunden auch Schriftzeugnisse der Zeit, Bilder oder Architektur gleichrangig für umfassende Forschungen heranzuziehen. Für den nordalpinen Bereich wurde stattdessen ein klarer Schnitt gezogen. Bis in jüngste Zeit herrschte die Annahme vor, dass die reichhaltigen Schriftquellen aus Mittelalter und Neuzeit ausreichend und umfassende Informationen zur jüngeren Geschichte liefern würden, und dass aus anderen – archäologischen – Quellen keine darüber hinausgehenden Erkenntnisse zu gewinnen seien. Dieses Prinzip wirkte sich demzufolge lange auf die Denkmalpflegegesetze aus, die sich ausdrücklich auf die Ur- und Frühgeschichte beschränkten und jüngere Phasen ausklammerten.

Die Einbeziehung von Schriftdokumenten, Bildern und Artefakten und damit eine systematische komparative und ergänzende Analyse aller historischen Quellen wird im archäologischen Diskurs unter dem Stichwort »Historische Archäologie« geführt. Inspiriert wurde diese Herangehensweise durch die in den USA oder Australien seit Längerem etablierte »Historical Archaeology«, die sich auf die Zeit nach Ankunft der Europäer bzw. die Kolonialisierung der Überseegebiete konzentriert und daher stets Bodenfunde, Bilddarstellungen und schriftliche Überlieferung gemeinsam im Blick hat. Dabei wird nicht erwartet, dass alle Relikte umfassende Aussagen zu sämtlichen Aspekten ermöglichen oder dass sich die Erkenntnisse weitgehend decken müssen. Im Gegenteil. Wenn die jeweiligen Quellengattungen zu unterschiedlichen Bewertungen führen, gilt dies nicht grundsätzlich als Widerspruch, sondern es zeigen sich nur umso deutlicher ihr unterschiedliches Aussagepotenzial und die jeweils eigenen Perspektiven. So hat sich inzwischen durchgesetzt, möglichst viele Quellen zu befragen, um bestmögliche Antworten zu erhalten.

Auch die gegenwärtige kulturhistorische Forschung und ihre aktuellen erkenntnistheoretischen Grundsätze betonen, dass Schriftquellen aller Art, aber ebenso mündliche Zeitzeugenberichte jeweils spezifische Perspektiven der Verfasser oder deren Auftraggeber hervorheben, die nicht alle Blickwinkel und Bereiche der menschlichen Lebenswelten erfassen. Dasselbe gilt für Bilder, die zudem Ereignisse anders festhalten können als Schriftdokumente.

Scheinbar banale Aspekte wie der Bau eines Hauses oder die Herstellung von Geräten werden in Text und Bild nicht umfassend beschrieben; die Objekte selbst geben darüber erheblich mehr Aufschluss. Dies kann als eine Stärke der Archäologie gelten. Bodenbefunde und die ausgegrabenen Artefakte sagen etwas über alltägliche Dinge der Zeit aus und zeigen in der Regel langfristige Entwicklungen auf. Hingegen können Funde selten zur Ereignisgeschichte beitragen. Umgekehrt finden sich in schriftlichen Dokumenten nur vereinzelt Aussagen zur Alltagsgeschichte. Die unterschiedlichen Quellen stellen also verschiedene historische Überlieferungsstränge dar, die jeweils andere Lebensbereiche abdecken.

Allerdings hatten schriftliche Zeugnisse ohne Zweifel noch lange sehr großen Einfluss auf die Mittelalter- und Neuzeitarchäologie im deutschsprachigen Raum. Dieser Umstand wurde auch als »Tyrannei der Schriftquellen« bezeichnet. Problematisch war sicherlich, dass bis zum Aufkommen der Mittelalterarchäologie die alleinige Zuständigkeit für die Geschichte des Mittelalters und der Neuzeit bei den Historikern lag. Eine Akzeptanz und Emanzipation der Archäologie war ein mühsamer Prozess, der noch nicht vollständig abgeschlossen ist. Schrift-, Bild- und archäologische Quellen sollten komplementär analysiert werden bzw. Interpretationen auf Basis von Analogiebildungen erfolgen. In jedem Fall kann nur die gleichrangige Analyse aller Hinterlassenschaften ein differenziertes und beziehungsreiches historisches Bild entstehen lassen. Wichtig ist zudem, dass eine solche Auswertung aller verfügbarer Informationen auch tatsächlich detailliert und umfassend durchgeführt wird, d. h. etwa, dass die Texte von Archäologen nicht nur für die überlieferten Rahmendaten genutzt werden oder zeitgenössische Bilder nicht lediglich Sachverhalte illustrieren. Umgekehrt erwarten die Archäologen ebenso, dass die Aussagekraft der Objekte von Historikern und anderen Nachbarwissenschaftlern in vollem Umfang gewürdigt wird.

Wir kommunizieren mit unserer Umwelt, wir benutzen täglich eine Vielzahl von Objekten, wir sprechen miteinander und fixieren schriftlich Gedanken oder Ereignisse, wir fotografieren Menschen, Orte und Dinge oder stellen sie in irgendeiner Form bildlich dar. Meist speichern wir das Geschehen um uns herum außerdem als Bilder im Gedächtnis ab. Wir handeln und agieren durch Objekte, durch das geschriebene oder gesprochene Wort sowie durch Bilder. Und unsere Mitmenschen wissen, was wir meinen, wenn wir Gegenstände in einer bestimmten Art und Weise benutzen, wenn wir reden oder schreiben, wenn wir Bilder verwenden. Während diese Quellen für heutige Gesellschaften in aller Breite empirisch erhoben werden können, sind für vergangene Kulturen nur Überreste und Relikte vorhanden, die jeweils einen fragmentierten, lückenhaften Ausschnitt liefern.

Techniken und Innovationen, Materialien und Legierungen, Formen und Ausprägungen führen zu neuen Objekten. Durch Analogieschlüsse der äußeren Formgebung kann auf frühere Funktionsbereiche und eine bestimmte Zeitstellung geschlossen werden. Oberflächliche oder eventuell im Material eingeschlossene Anzeichen geben Hinweise auf Herstellungstechniken; Gebrauchsspuren deuten auf Intensität und Dauer der Verwendung hin; die räumliche Streuung bestimmter Objekttypen zeigt das Verbreitungsgebiet an. Einen tieferen Einblick erhält man zusätzlich, wenn Dinge als Gegenstände wahrgenommen werden, mit denen Individuen und Gruppen agieren und kommunizieren. Die Bedeutung und Symbolik bestimmter Handlungen und Dinge ist für Menschen innerhalb einer Gemeinschaft bekannt und schlüssig und bedarf keiner Erklärung. So sind in Europa und der westlichen Welt Gegenstände durch unsere gemeinsame abendländische Kultur sowie tradierte Werte und Normen verständlich. Weitreichende kulturgeschichtliche Informationen können dann gewonnen werden, wenn wir diesen Bezug in den Vordergrund stellen, wenn wir die Dinge nicht von ihrem Kontext, d. h. unserer Lebenswelt, trennen, sondern die enge Beziehung zum Produzenten, zu den Besitzern, zum Nutzungskonzept und den Stellenwert der Objekte innerhalb einer Gesellschaft erforschen, wenn also eine Biografie der Objekte erstellt wird.

In sehr geringem Ausmaß kommen seit der Eisenzeit vereinzelt Schriftquellen hinzu, durch die von außen einige Informationen über den mitteleuropäischen Raum übermittelt wurden. Aus der römischen Kaiserzeit und dem Frühmittelalter gibt es weitere Texte, die jedoch in erster Linie ebenfalls nur über bedeutende Ereignisse und Machthaber berichten. Dies ändert sich mit dem Hoch- und insbesondere Spätmittelalter bzw. früher Neuzeit; die schriftliche Fixierung und Veraktung, auch vieler alltäglicher Begebenheiten, nimmt rapide zu.

Bildquellen kennen wir schon aus dem Paläolithikum, wie faszinierende Höhlenmalereien oder auch Plastiken belegen. Aus hallstattzeitlichem Kontext sind einige Stelen, aber vor allem umfangreich dekorierte Gefäße und so genannte Situlen überliefert, auf denen Feste detailreich abgebildet sind. Seit römischer Zeit wird die Bilderwelt immer dichter. Im Mittelalter sind christliche Themen etwa in der Buchmalerei oder auf kirchlichen Fresken vorherrschend. Hinzu kommen später Darstellungen von Jahreszeitläufen. In der Neuzeit bzw. seit der Renaissance wandeln sich die Motive entscheidend, Mensch und Landschaft treten in den Vordergrund. Bekannte Beispiele sind die Gemälde der flämischen Maler des 16. und 17. Jahrhunderts, die auch zahlreiche Objekte der Zeit mit viel Liebe zum Detail wiedergeben. Die Archäologie kann sich also auf eine weit breitere Quellenlage stützen als ausschließlich auf materielle Hinterlassenschaften. Jedoch hat jede Quellenart spezifische Eigenarten und Aussagemöglichkeiten, die es bei der historischen Analyse zu berücksichtigen gilt.

Aussagekraft der Objekte

Gegenstände aller Art sind ein unersetzlicher und nicht wegzudenkender Bestandteil unseres Lebens. Immer und überall nutzen wir alltägliche Dinge wie Kleidung, Schmuck, Werkzeug, Möbel oder Fortbewegungsmittel. Häufig oder unbewusst sehen wir in erster Linie die funktionale Verwendung: Kleidung schützt vor Wärme und Kälte; Geschirr und Besteck brauchen wir, um Nahrung zuzubereiten und zu essen. Mit Geräten und Werkzeugen bewältigen wir Aufgaben des täglichen (Über-)Lebens, bei der Arbeit oder in der Freizeit. Schmuck und Kostbarkeiten dienen der Zierde, Waffen fügen anderen Schaden zu. Neben diesen Gegenständen, die kleiner oder größer, aber doch beweglich, also mobil sind, müssen zusätzlich nichtbewegliche Dinge, also Immobilien, genannt werden. Auch Gebäude aller Art sind Objekte. Hinzu kommen Wege und Straßen, auf denen wir uns fortbewegen. Aus prähistorischen Zeiten sind in der Regel nur noch Grundrisse, Fundamente oder Negative der Bauten im Boden erhalten. Pfostenlöcher zeigen an, wo die tragenden Stützen standen, Fundamente geben Aufschluss über die Raumgliederung von Keller- oder Erdgeschoss, Grubenhäuser und ihre Einrichtungen lassen Rückschlüsse auf die Funktion als Werk- oder Wohnraum zu. Aus dem Mittelalter und in viel größerem Umfang aus früher Neuzeit und Moderne kennen wir Gebäude, die zwar zahlreiche Umbauten und Veränderungen erfahren haben, die aber noch aufrecht stehen und genutzt werden und die ebenso als historische Objekte anzusehen sind wie die Kleinfunde.

Auch wenn Gegenstände der gleichen Fundart angehören, können sie trotzdem höchst unterschiedlich sein. Wie am Beispiel der Gebäude ersichtlich, gibt es viele verschiedene Arten von Häusern, die sich in Größe und Ausstattung, in Konstruktion und Funktion unterscheiden. Gleichermaßen können Dinge, die wir alltäglich benutzen, aus einfachem preiswertem Material oder aus Edelmetall hergestellt und daher in der Produktion sowohl kostengünstig als auch teuer sein. Dieser Materialwert sagt allerdings noch nichts über die Wertschätzung durch ihre Besitzer aus. Auch unscheinbare Gegenstände können hohe Bedeutung haben.

Vieles, mit dem wir uns umgeben, ist unserem ästhetischen Empfinden unterworfen. Ob wir ein Schmuckstück schön oder einen Gebrauchsgegenstand praktisch finden, hängt vom individuellen Geschmack oder auch von Gewohnheiten ab. Für uns persönlich schlecht handhabbare Dinge nutzen wir nicht, mit einem in unseren Augen abstoßenden Accessoire schmücken wir uns nicht.

Die archäologische Analyse beginnt zunächst mit einer typochronologischen Einordnung, bei der Herstellungstechnik, Form, Grundfunktion sowie Zeitstellung eruiert werden. Der Kontext, in dem die Funde eingebettet waren, gibt entscheidende Hinweise. Geografische Verbreitungsbilder zeigen die Konzen-

trationen von Produktion bzw. Nutzung sowie die räumliche Dimension des Austauschs an.

Angeregt durch wissenschaftliche Strömungen in kulturanthropologischen Nachbardisziplinen sind in den letzten Jahren neue Ansätze entwickelt worden, um Objekte aufgrund ihrer Wertigkeit und Ausformung bestimmten sozialen Gruppen zuzuweisen bzw. auch Gesellschaftssysteme und kulturelles Verhalten zu rekonstruieren.

Schon seit einiger Zeit wird für sprachliche Überlieferungen, aber auch Bilder betont, dass diese nicht objektiv eine allgemeingültige Wirklichkeit wiedergeben, sondern dass die Sichtweise des Verfassers und somit eine spezifische Perspektive zu berücksichtigen ist. Gleiche Ereignisse können und werden von unterschiedlichen Personen unterschiedlich dargestellt, erzählt und überliefert. Nach dieser so genannten kulturellen Wende (z. B. Linguistic turn, Iconic turn, Spatial turn, Material turn) schlossen sich vergleich-

In den Konzentrationslagern finden die Archäologen häufig Besteck. Messer, Gabel oder Löffel aus Edelstahl oder gar versilberte Stücke, teilweise wie hier der Messergriff mit den Initialen H und O, können den Bewachern zugewiesen werden. Auch einfache Aluminiumlöffel weisen Initialen auf (I [?] B): Damit aßen die Häftlinge ihre karge Suppe.

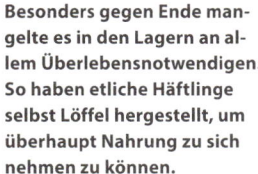

So genannte Funktionshäftlinge waren als Lagerpolizisten tätig. Sie mussten Helme tragen, die an Pickelhauben der Zeit um 1900 erinnern. Tatsächlich handelt es sich aber um Helme der Wehrmacht, die im Zweiten Weltkrieg nicht mehr genutzt wurden und auf die ein Stachel aufgeschweißt wurde.

Einblick in das Alltagsleben der Vergangenheit – eine besondere Stärke der Archäologie.

Zwei Beispiele sollen das Potenzial der zeitgeschichtlichen Archäologie verdeutlichen. Aus schriftlichen und mündlichen Quellen ist bekannt, dass etliche Gefangene in den Konzentrationslagern als Funktionshäftlinge für Ordnung in der Häftlingsgemeinschaft sorgen sollten, sie bildeten die so genannte Lagerpolizei. Fotografien aus Mauthausen zeigen solche Häftlinge mit weiß angemalten Spitzhelmen, die an Pickelhauben aus der Kaiserzeit erinnern. Genaue Untersuchungen belegen jedoch, dass es sich nicht um originale Helme des frühen 20. Jahrhunderts handelt. Stattdessen wurde auf eine spitzenlose Helmform (M 16) der 1920er- und 1930er-Jahre, die während der Betriebszeit des Konzentrationslagers Mauthausen schon veraltet war, eine Spitze aufgeschweißt und der Helm zusätzlich hell angestrichen. In einer Werkstattbaracke von Mauthausen hat man etliche solcher Helme entdeckt. Dort fanden sich auch zeitgemäße Helme, die von den Bewachern getragen worden sind (M 35). Somit kann festgehalten werden, dass die Funktionshäftlinge, die zusätzlich mit Uniformen und antiquarischen Säbeln ausgestattet waren, einerseits augenscheinlich eine besondere Stellung in der Häftlingshierarchie innehatten, andererseits aber im Vergleich zur Waffenausstattung der SS-Bewacher sicherlich grotesk und vielleicht auch lächerlich wirkten. Die weiß angemalten Helme mit Spitze setzte die SS also bewusst ein, um ihre Überlegenheit zu demonstrieren und die Würdelosigkeit der Gefangenen zu betonen.

bare Paradigmenwechsel in anderen Wissenschaften an, die die materielle Kultur in den Mittelpunkt der Forschungen stellen.

Die überlieferten Gegenstände bilden nur einen Ausschnitt der Vergangenheit ab. Viele organische Materialien haben sich nicht erhalten, zusätzlich wurden auch früher viele Dinge »entsorgt«. In einer planmäßig aufgelassenen Siedlung finden sich nur Objekte, die vorher verloren oder absichtlich zurückgelassen wurden, während in Verwahr- oder Grabfunden bewusst ausgewählte Gegenstände niedergelegt wurden. Dies alles ermöglicht einen vertieften

Immer wieder stößt man in den ehemaligen Lagern auf Gegenstände, die offensichtlich nicht industriell, sondern mit einfachsten Mitteln hergestellt wurden. Beispielsweise wurde aus dem Griff eines Löffels oder einer Gabel eine Laffe zurechtgebogen und der Stiel tordiert, sodass ein neuer Löffel entstand. Es ist davon auszugehen, dass die Häftlinge solche Dinge gefertigt haben, um das tägliche Überleben zu sichern, um Suppe zu essen. Auch selbst produzierte Messer sind gefunden worden, obwohl ihr Besitz streng verboten war. Ihre Anfertigung war

Besonders gegen Ende mangelte es in den Lagern an allem Überlebensnotwendigen. So haben etliche Häftlinge selbst Löffel hergestellt, um überhaupt Nahrung zu sich nehmen zu können.

Unter großen Gefahren wurden auch Messer hergestellt. Das selbst gefertigte Objekt stammt aus dem so genannten Jugendschutzlager Uckermark.

also nur unter großen Gefahren möglich. Ferner zeigt sich, dass selbst die grundlegendsten Dinge wie Besteck nicht ausreichend durch die Lagerverwaltung zur Verfügung gestellt wurden. Dazu zählen ebenfalls Gegenstände, die für die tägliche Körperhygiene notwendig sind, wie Zahnbürsten und Kämme. Unterschiedliche Inschriften in verschiedenen Sprachen gerade auf Zahnbürsten deuten an, dass sie von den Häftlingen aus ganz Europa mitgebracht worden sind und auch im Lager besessen werden durften. Auffällig ist die starke Abnutzung der Borsten. Offensichtlich mussten sie sehr lange verwendet werden, und die Lagerverwaltung stellte keine neuen Zahnbürsten zur Verfügung.

Kritisch zu hinterfragen sind die Angaben zur Todesursache im Totenbuch von Mauthausen. Die wahren Umstände werden verschleiert. Hinter den mehrfach verbesserten Eintragungen »Freitod Sprung Steinbruch« verbirgt sich Mord: Die Häftlinge wurden einen Abhang hinuntergestoßen.

Das Foto aus dem Garagenhof in Mauthausen zeigt die SS auf der Balustrade vor der Kommandantur. So demonstrierten die Bewacher ihre Macht.

Kämme sind seltener. Doch immer wieder tauchen umgearbeitete Kammfragmente auf oder Kunststoffstücke, in die Zinken eingeschnitten wurden. Den Häftlingen war es ein großes Anliegen, ein Mindestmaß an körperlicher Hygiene aufrechtzuerhalten. Die Körperpflege – wenn auch auf niedrigem Niveau – gehört zu unseren Grundbedürfnissen. Nicht nur das körperliche Wohlbefinden hängt damit zusammen, auch das seelische und somit letztendlich unser Lebenswille. Kann ein Grundstandard an Sauberkeit nicht mehr eingehalten werden, geht auch das Selbstwertgefühl verloren und damit die Kraft zum Überleben. Diese Funde zeigen also eindrücklich Strategien der Häftlinge, um in den Lagern zu überleben.

Geschriebene und gesprochene Worte

Schriftliche Überlieferungen sind häufig die ersten Quellen, wenn wir etwas über die jüngere Vergangenheit erfahren wollen. Diverse Schriften sind schon seit dem Mittelalter bekannt. In der Neuzeit mit Erfindung des Buchdrucks und in der Moderne kommen zahlreiche administrative und behördliche Dokumente, Akten und Verzeichnisse, aber auch Telegramme oder E-Mails hinzu. Insbesondere beschreiben sie Verwaltungsabläufe von Behörden, Handwerkern oder Industriebetrieben oder geben Einblick in persönliche Aufzeichnungen. In den letzten Jahren betonen Geschichtswissenschaftler, dass diese Quellen häufig keine objektiven Informationen zu Ge-

schehnissen und Strukturen widerspiegeln, sondern lediglich die jeweilige Perspektive des Schreibers oder seines Auftraggebers. Die Qualität der überlieferten Inhalte ist abhängig von Zeit und Ort, vor allem aber vom Verfasser und seiner Intention. Dabei hatte der Autor stets den oder die Adressaten im Blick, um sicherzustellen, dass seine Aussagen in der beabsichtigten Weise verstanden werden. In den Totenbüchern der Konzentrationslager sind zwar unendlich viele Opfer aufgelistet, die an Entkräftung oder Terror verstorben sind oder getötet wurden. Doch die wahren Todesumstände werden verschwiegen. Vielmehr werden z. B. Herzschlag, Herzmuskelschwäche, Grippe oder Lungenentzündung angeben. Auffällig sind auch mehrfache Verbesserungen, wenn der erste Eintrag »Gehirnschlag« zunächst in »Freitod Sturz Steinbruch« und dann in »Freitod Sprung Steinbruch« verändert wird. Verschwiegen wird, dass die Häftlinge von den Bewachern diese Steilwand hinuntergestoßen wurden. Erst wenn diese Aspekte bei der Auswertung so weit als möglich berücksichtigt werden, lässt sich der Erkenntniswert für die Fragestellung beurteilen. Das Beispiel verdeutlicht, dass auch administrative Dokumente nicht immer historische Tatsachen auflisten, sondern ebenso tendenziös sind wie so genannte Egodokumente.

Bedeutende Gegebenheiten beeindrucken uns und hinterlassen Spuren in unserem Gedächtnis. In bestimmten Situationen werden diese Erinnerungen wach oder durch Fragen wieder hervorgeholt. So spielen für die Zeitgeschichte und damit auch für die zeitgeschichtliche Archäologie mündliche Quellen,

die »Oral History«, eine wichtige Rolle: Zeitzeugen berichten ihre Beobachtungen und Erlebnisse, Historiker können Rückfragen stellen, um weitere Informationen zu erhalten. Zwei Aspekte gilt es hier jedoch zu beachten. Zum einen besteht die Möglichkeit oder gelegentlich auch die Gefahr, dass im Interview manche Antwort durch die Art der Fragestellung beeinflusst sein kann. Zum anderen ist zu bedenken, dass die Erinnerungen mit der Zeit verblassen. Ein nur kurz zurückliegendes Geschehen ist frischer und ausführlich erzählbar, auch wenn wir nicht alle Einzelheiten wahrgenommen haben. Lang vergangene Ereignisse sind verblasst, viele Details sind uns entfallen, wir erinnern uns nur noch in Grundzügen. Vielleicht hat sich unsere Erinnerung auch verändert, bedingt durch andere Erzählungen oder Nachrichten von außen. Mündliche Quellen spiegeln also stets nur das wider, was einer Person im Gedächtnis geblieben ist, sie erheben – genau wie schriftliche Quellen – keinen Anspruch auf objektive Schilderung.

Darstellungen der Bildquellen

Häufig funktioniert unser Gedächtnis visuell. Wir speichern weniger Worte, sondern eher Bilder und Szenen des Erlebten ab. In bewusst produzierten Bildern, seien es zweidimensionale Fotografien, Zeichnungen und Gemälde oder dreidimensionale Plastiken, werden Geschehnisse für die Zukunft festgehalten.

Auch hier ist eine ausführliche Quellenkritik erforderlich. Da Gemälde oder Skulpturen in der Regel fiktive Verhältnisse und Umstände wiedergeben, ist dem Betrachter stets bewusst, dass es sich nicht unbedingt um eine reale Situation handelt. Gemälde, Zeichnungen oder andere bildliche Darstellungen geben verstärkt die Sichtweise des Künstlers wieder. Dabei wird Wichtiges in den Vordergrund gerückt, eventuell durch veränderte Perspektiven betont, Unwichtiges wird weggelassen. Zudem können mehrere Zeit- und Raumbezüge in die Darstellung einfließen. Die Beschreibung des Motivs unter Einbeziehung des

Manche Häftlinge haben heimlich das Leben und den Terror bzw. ihre eigenen Erfahrungen dokumentiert. In ihren Zeichnungen setzten sie sich mit den täglichen Bedrohungen auseinander. Pavel Fantl, der in Theresienstadt inhaftiert war, später nach Auschwitz deportiert und auf dem Todesmarsch im Januar 1945 von der SS erschossen wurde, zeigt die massive Abmagerung, die immer dünner werdenden Bettdecken und das verschwindende Licht. Er übertitelte die Bildfolge: VANOCE CLENA AK V TEREZÍNE (Weihnachten eines Mitglieds AK in Theresienstadt), unter dem vierten Bild steht: A-CHRAŇ BŮH-L.P. 1944 (und so Gott will im Jahr 1944).

Entstehungskontextes spielt wiederum eine maßgebliche Rolle für seine Einordnung und den historischen Aussagewert.

Fotografien oder Dokumentarfilme suggerieren uns eher eine unverfälschte Wirklichkeit. Sie galten häufig als Beleg bzw. als überzeugende Illustration einer Realität. Fotografien sind jedoch häufig inszeniert, die Szene ist arrangiert, Personen nehmen eine bestimmte Position ein, das Panorama der Landschaft wird als spezifischer Ausschnitt in den Bildrahmen eingepasst. Weiterhin kann der Bildausschnitt modifiziert werden, und er ist in der Regel kleiner als das Blickfeld des menschlichen Auges. Anders dagegen der Schnappschuss. Auch auf die Gefahr hin, dass die Aufnahme unscharf wird, wurde schnell auf den Auslöser gedrückt, um eine Situation unmittelbar festzuhalten. Die exakte Bildanordnung ist zweitrangig.

Aus den Lagern sind zahlreiche Zeichnungen von Häftlingen überliefert. Teilweise mussten die Gefangenen für die Bewacher Bilder malen, teilweise entstanden sie heimlich unter extremen Bedingungen. Einige Werke stellen realistisch das Lagerleben dar, Personen und Situationen, aber auch Landschaften, Blumen oder sonstige schöne Motive, die von einer nicht zu erreichenden Wunschwelt zeugen. Zusätzlich gibt es etliche Karikaturen, die den Alltag persiflieren und so dem Künstler eine Distanz zum Geschehen ermöglichen. Kaum dargestellt wird der eigentlich allgegenwärtige Tod. Diese Kunstwerke verdeutlichen also unterschiedliche Versuche der Häftlinge, mit den stets bedrohlichen Bedingungen umzugehen.

Zwischen Plänen und Grundrisszeichnungen muss unterschieden werden. Das Wort »Plan« hängt mit Planung zusammen, und so sind Pläne häufig Entwürfe, die verändert werden können und auch vielfach geändert wurden. Vom ehemaligen Konzentrationslager Sachenhausen gibt es mehrere Entwürfe und Pläne, die Grundrissaufnahme und damit der Bau selbst spiegeln mehr oder weniger die Umsetzung des letzten Plans wider.

Bilder können also nur dann als wertvolle historische Quelle für die jüngere Vergangenheit herangezogen werden, wenn auch hier beachtet wird, dass wir in erster Linie etwas über die Perspektive des Bildautors erfahren und entsprechend auch der Bildinhalt zu beurteilen ist.

Der Erste Weltkrieg

Der Ausbruch des Ersten Weltkriegs jährt sich im August 2014 zum 100. Mal. Letztendlich gilt das Attentat auf den Thronfolger der Kaiserlichen und Königlichen Monarchie Österreich-Ungarn, auf Erzherzog Franz-Ferdinand und seine Gemahlin Sofie Chotek, Herzogin von Hohenberg, Ende Juni 1914 in Sarajevo als Auslöser. Hegemoniebestrebungen, Nationalismus und Imperialismus, politische und wirtschaftliche Machtbestrebungen und Gegensätze der damaligen Großmächte gehören jedoch zu den eigentlichen Ursachen.

Ende Juli 1914 erklärte die Doppelmonarchie dem Königreich Serbien den Krieg. Bündnisverpflichtungen zwischen Österreich-Ungarn und Deutschland sowie ältere militärische Planungen Deutschlands im Zusammenhang mit dem Schlieffenplan, der einen Zweifrontenkrieg gegen Russland und Frankreich entwarf, führten zu einer schnellen Eskalation der zunächst lokalen Auseinandersetzungen und somit zu einem Krieg, der die ganze Welt erfasste. Deutschland erklärte am 1. August Russland und am 3. August Frankreich den Krieg, Großbritannien trat einen Tag später in den Krieg ein. Schnell waren weitere Länder, einschließlich der Kolonialgebiete in Übersee, involviert. Zum Jahresende 1914 beteiligten sich rund 15 Staaten an den Kampfhandlungen. Kurz vor Ausrufung des Waffenstillstands im November 1918 waren es knapp 40 Staaten auf allen Kontinenten. In den vier Jahren zwischen August 1914 und November 1918 ereignete sich eine der größten Katastrophen der jüngeren Geschichte: Rund neun bis zehn Millionen Soldaten verloren ihr Leben, unzählige trugen schreckliche, dauerhafte Verletzungen davon und waren physisch und psychisch gezeichnet. Man geht von weiteren sieben Millionen getöteten Zivilisten aus.

Während in Deutschland der durch die Nationalsozialisten ausgelöste Zweite Weltkrieg und der damit untrennbar verbundene Holocaust stärker im Bewusstsein der Menschen verankert blieb, ist in Frankreich, Belgien oder auch Großbritannien der Erste

Der Erste Weltkrieg war über weite Strecken ein Stellungskrieg, in dem die gegnerischen Soldaten nur wenige 100 m voneinander entfernt in den Gräben lagen und kaum Land gewannen. Insbesondere in Nordfrankreich und Belgien gab es zahlreiche Grabensysteme.

Weltkrieg als »Grande Guerre« oder »Great War« nachhaltiger in Erinnerung. Beredtes Beispiel sind die weitverbreiteten Poppies, künstliche rote Mohnblumen, die am 11. November, dem Tag des Waffenstillstands, oder wie es in Großbritannien heißt am »remembrance day«, am Revers angesteckt das Gedenken an die Opfer des Kriegs wachhalten sollen.

Der Erste Weltkrieg ist mit einer bis dahin nicht gekannten Industrialisierung und einem gewaltigen Materialeinsatz verbunden. Erstmals wurden moderne Waffen verwendet bzw. während des Kriegs perfektioniert. Ihre Weiterentwicklung, einschließlich Giftgas, hat in den vier Kriegsjahren einen immensen »Fortschritt« verzeichnet. Nach älteren funktionstüchtigen Vorläufern um 1900 wurden in der Folge erste U-Boote gebaut, die auch militärisch zum Einsatz kamen. Die Luftfahrt steckte bei Kriegsausbruch noch in den Kinderschuhen, erste Flüge dienten der Aufklärung, jedoch schon bald wurden die Flugzeuge mit Maschinengewehren und später mit Bomben ausgestattet. Der technische und militärische Standard nahm im Laufe des Kriegs massiv zu. Sowohl für Luftkämpfe als auch zur Bombardierung von Bodenzielen wurden Jagdflugzeuge eingesetzt. Ebenso hat man die Entwicklung von Panzern stark vorangetrieben, nachdem es erste Vorläufer Anfang des 20. Jahrhunderts gegeben hatte. Im Spätsommer 1916 wurde an der Somme der erste Panzer eingesetzt.

Besonders der Nordwesten Frankreichs sowie Belgien standen im Zeichen des äußert verlustreichen Stellungskriegs. Die Schlacht bei Verdun 1916 oder die drei Flandernschlachten bei Ypern 1914, 1915 und 1917 gelten in der Erinnerungskultur vieler Länder als Symbol für das Desaster des frühen 20. Jahrhunderts. Eingegraben in kilometerlange tiefgestaffelte Schützengräben gab es keine oder kaum Veränderungen in den Frontverläufen. Die vorderste Linie war durch weitere Gräben mit den Nachschubbasen verbunden. Neben einfachen Erdgräben gab es zahlreiche Stellungen und Schanzen, die teilweise massiv mit Sandsäcken, Holz oder Beton ausgebaut waren. Jedoch hatten die Soldaten sehr häufig mit eindringendem Wasser – auch Grundwasser – zu kämpfen. Die gegnerischen Gräben verliefen oft nur in 100 m Entfernung, manchmal sogar deutlich näher.

Hinzu kam, dass der Krieg auch an der Heimatfront allgegenwärtig war. Dies betraf die stark expandierende Rüstungsindustrie, in der immer mehr Frauen, Jugendliche, aber auch Kriegsgefangene arbeiten mussten. Zudem litt die Bevölkerung unter Hungersnöten: Unter anderem verhinderten Handelsblockaden, dass Nahrungsmittel nach Deutschland gelangten.

Nach dem Krieg waren in weiten Teilen Europas die Monarchien beendet, viele Grenzen wurden neu gezogen. In Deutschland und Österreich wurden Republiken ausgerufen, im ehemaligen zaristischen

In etlichen Freilichtmuseen sind Grabenabschnitte und Stellungen wieder freigelegt worden. Zusätzlich sind Relikte wie Militaria aller Art, aber auch Grabenkunst ausgestellt.

ten zum Ersten Weltkrieg in den frühen 1990er-Jahren ein. Dabei ging und geht es in erster Linie um Untersuchungen auf den Schlachtfeldern der Westfront mit sämtlichen Hinterlassenschaften wie Schützengräben, toten Soldaten und Militaria, sei es Munition aus Gewehren, Hülsen von Bomben oder komplette Panzer. Aber auch Verteidigungsanlagen, Kriegsgefangenenlager oder Rüstungsbetriebe werden dokumentiert. Die umfangreichsten Projekte finden in Frankreich und Belgien statt, aber auch in England oder Deutschland sind viele Aktivitäten zu verzeichnen.

Schlachtfelder im Westen Europas

Der Stellungskrieg in Flandern und dem nördlichen Frankreich hat viele Narben in der Landschaft hinterlassen. Gerade dort ist die Erinnerung an den Ersten Weltkrieg noch sehr präsent. Und so kommen seit Langem Veteranen und ihre Angehörigen, aber auch Touristen in die Gegend. Für jeden Besucher sind die vielen Kriegsgräberfriedhöfe mit den unzähligen weithin sichtbaren weißen Kreuzen ein deutliches Zeichen für das massenhafte Sterben vor 100 Jahren. Etliche schon lange bestehende Gedenkstätten und Mahnmale sollen zusätzlich an die Opfer oder auch an Siege und Niederlagen erinnern. In zahlreichen kleineren und größeren Museen bzw. Freilichtanlagen, zum Teil privat betrieben, wird vom örtlichen Kriegsgeschehen berichtet. Oft wird ein Sammelsurium an Relikten präsentiert, etwa ausgehobene Schüt-

Russland die Sowjetunion gegründet. Ein neues Zeitalter begann, das so genannte kurze 20. Jahrhundert.

Ähnlich wie bei anderen zeitgeschichtlich-archäologischen Projekten setzten wissenschaftliche Arbei-

zengräben, Unterstände und Stellungen, aber ebenso alle nur erdenklichen Hinterlassenschaften der Armeen. Selten finden sich ausführliche Informationen zu den Objekten oder der spezifischen Stellung. Die enorme Vielfalt und Menge der Gegenstände genügt den Betreibern als Anschauungsmaterial.

Professionelle archäologische Ausgrabungen finden seit rund 25 Jahren statt. Großes Engagement legen französische Behörden an den Tag, die schon in den frühen 1990er-Jahren alle Bodenfunde, egal wie alt, dokumentierten. Insbesondere beim Ausbau der Hochgeschwindigkeitsstrecke zwischen Calais und Paris oder bei der Erschließung von Gewerbegebieten bei Arras wurden sämtliche Befunde ausgegraben. Dabei nahmen die zeitgeschichtlichen Objekte des Ersten Weltkriegs breiten Raum ein. In Belgien führte die verstärkte Beschäftigung damit 2003 zur Gründung einer eigenen Abteilung für die Archäologie des Ersten Weltkriegs im ehemaligen »Instituut voor het Archeologisch Patrimonium« (jetzt: Vlaams Instituut voor het Onroerend Erfgoed). Umfangreiche Ausgrabungen folgten im Rahmen des Autobahnbaus zwischen Ypern und Koortrijk. Hinzu kommen Kooperationen mit britischen Kollegen, die Stellungen und Verbindungsgräben britischer Soldaten erforschten.

Die genannten Areale waren voll von Befunden aus dem Ersten Weltkrieg. Zunächst hatte man weitere schriftliche und bildliche Unterlagen recherchiert, denn für solch junge Fundplätze ist Archivarbeit unerlässlich, um möglichst breite Vorinformationen zu erhalten. Neben zeitgenössischen Dokumenten bzw. Zeitzeugenberichten werden moderne Luft- oder Satellitenbilder und Karten ausgewertet, die Hinweise auf genaue Grabenverläufe oder andere Anomalien geben. Vor Ort können geophysikalische Prospektionen detaillierte Einblicke in den Boden gewähren. Auch auf den modernen Luftbildern sind die gezackten Linien der ehemaligen Frontverläufe noch deutlich sichtbar, und es wird klar, dass sich nicht ein einziger Fundort klar abgrenzen lässt, wie Archäologen es für ältere Epochen gewohnt sind. Die gesamte Region ist eine einzige große Fundstätte, ein Schlachtfeld. Zudem spielen altbekannte Befunde keine entscheidende Rolle. Vielmehr gibt es neue Strukturen wie die langen und winkligen Schützengräben, Stellungen oder Unterstände, die alle miteinander in Verbindung stehen.

Es lassen sich zahlreiche Hölzer nachweisen, mit denen die Gräben verzimmert bzw. Böden abgedeckt wurden. So konnte eine ebene Lauffläche geschaffen werden, und die Soldaten mussten bei Nässe nicht nur durch Schlamm waten. Aber auch ausgemauerte Gräben wurden entdeckt. In Arras fand sich ein Schienenstrang im Graben. Zeitgenössische Fotografien zeigen, dass Munition offensichtlich auf Loren innerhalb der Gräben transportiert wurde.

Die freigelegten Unterstände waren entweder aus Holz, wovon noch Reste erhalten sind, oder massiv aus Beton errichtet. Die gesamten Anlagen waren miteinander verbunden, die Strukturen sind endlos und beherrschten die gesamte Landschaft. Eine dauerhafte Freilegung der Gräben kann lediglich in bestimmten Abschnitten erfolgen und ist nur dann

Mit der Herstellung von künstlerischen Objekten, oftmals aus Geschosshülsen, vertrieben sich die Soldaten auch die Zeit im langwierigen Stellungskrieg. Heute gibt es immer noch zahlreiche Objekte, die in Museen ausgestellt sind. Ein Beispiel ist diese Windmühle aus dem Sanctuary Wood Museum (Hill 62) bei Ypern, Belgien.

sinnvoll, wenn beispielsweise die gegnerischen Frontverläufe und das System der Grabenkämpfe vor Ort erläutert werden sollen. Die in Gedenkstätten akkurat nachgebauten Gräben vermitteln nur sehr bedingt die Kriegssituation.

Aufgrund der gewaltigen Dimensionen können die Untersuchungen in das Konzept der Landschaftsarchäologie eingebettet werden. Die wechselseitige Wirkung des Raumes auf die Bevölkerung bzw. in diesem Fall der Soldaten auf die Umwelt hat die Gegend verändert. So ist die Landschaft Nordfrankreichs und Belgiens wahrhaft vom Krieg gezeichnet.

Aus den Gräben konnten unzählige Funde geborgen werden, die teils in den Dreck und Schlamm eingetreten waren. Sie geben uns Auskunft über die Situation der Soldaten in den Schützengräben selbst. Sehr zahlreich sind Munitionsreste, insbesondere Hülsen von unterschiedlichen Kalibern. Aber auch Teile der Militärausrüstung sowie persönliche Gegenstände finden sich, darunter vor allem Geschirr und Besteck, Schreibutensilien und Hygieneartikel. Kreuze, Rosenkränze, kleine Statuetten der Muttergottes oder von Heiligen versinnbildlichen die Religiosität. Zahlreich sind Objekte der Grabenkunst (Trench Art). Die aus unterschiedlichsten Militaria fabrizierten Stücke sind in sämtlichen Fertigungsstadien vorhanden, einschließlich der verwendeten Werkzeuge. So zeigt sich, dass sie von den Soldaten in den Gräben selbst hergestellt wurden (s. nächster Abschnitt).

Es gibt jedoch auch sehr große, sperrige Dinge wie Artillerie und Fahrzeuge aller Art, einschließlich der ersten im Krieg eingesetzten Panzer. Bei Cambrai hatten deutsche Soldaten einen britischen Panzer eingegraben, der nun wieder freigelegt wurde. Die Bergung und insbesondere die nachhaltige Konservierung und Erhaltung von solchen Objekten birgt große Herausforderungen für Archäologie und Denkmalpflege. In normalen Werkstätten können sie nicht restauriert werden, besondere Maßnahmen sind erforderlich. Zudem stellt sich die Frage, ob Museen in der Lage sind und den notwendigen Platz haben, um sie geschützt auszustellen.

Grabenkunst

Die so genannte Grabenkunst oder Trench Art gehört zu den besonderen Fundgattungen des Ersten Weltkriegs. Damit werden Objekte bezeichnet, die von Soldaten oder Kriegsgefangenen aus Kriegsmaterial gefertigt wurden und mit dem Kriegsgeschehen oder der Gefangenschaft in Zusammenhang stehen. Verwendung fanden sämtliche zur Verfügung stehenden Materialien, in großer Menge etwa leere Munitionshülsen, die eigentlich hätten eingesammelt und abgegeben werden müssen. Doch daraus ließen sich kunstvolle Gegenstände herstellen. Neben den großkalibrigen Hülsen der Artillerie wurden Gewehrkugeln, Granatsplitter, Teile von abgestürzten Flugzeugen oder anderen militärischen Rüstungen benutzt. Häufige Produkte sind Gefäße aller Art, wobei schon die vorgegebene Form der Munitionshülsen hierfür

Schlachtfelder sind auch Friedhöfe, auf dem die gefallenen Soldaten teilweise am Ort ihres Todes verblieben. Erst durch die Ausgrabungen werden sie wieder aufgefunden. So ist eine Identifizierung möglich bzw. eine Rückführung und Bestattung in der Heimat. Bei Monchy-le-Preux (Pas de Calais) wurden britische Soldaten in einem Massengrab beigesetzt.

Oft wurden in Eile große Gräber für die getöteten Soldaten ausgehoben. Schuhreste in einem Massengrab bei Monchy-le-Preux (Pas de Calais) zeigen, dass sie in ihrer Uniform bestattet wurden.

prädestiniert war. Durch die kunstvollen Gestaltungen, Ausarbeitungen und Ornamentierungen des oberen Abschlusses sowie des Gefäßkörpers entstanden individuelle Vasen, Töpfe, Kelche oder Bierhumpen, aber auch aufwendig gearbeitete Tischglocken, Aschenbecher, Feuerzeuge, Brieföffner, Schmuck, Miniaturflugzeuge oder -schiffe sowie kleine Behältnisse etwa für Streichhölzer oder christliche Symbole wie Kreuze.

Teilweise finden sich auf dem Boden der Unterstände und Gräben noch Reste des Zuschnitts oder andere Belege dafür, dass die Gegenstände tatsächlich dort entstanden sind. Inschriften und Eingravierungen z. B. von Daten und Namen geben zusätzliche Hinweise auf den Zeitpunkt der Fabrikation sowie Hersteller und ersten Besitzer. Neben Metall können auch Knochen, Holz oder Textilien verwendet worden sein, was jedoch nur selten erhalten geblieben ist.

Nach Kriegsende produzierten auch Zivilisten vergleichbare Objekte. Als Kriegssouvenirs gehandelt, verbreiteten sie sich in ganz Europa. Auf diese Weise wurde in den heimischen Wohnzimmern die Erinnerung an den Krieg wach gehalten.

Heute gibt uns die Grabenkunst Einblick in die Situation der Soldaten. In den Kampfpausen bot sie ihnen zunächst eine Beschäftigung. Neben dem reinen Zeitvertreib können aber auch andere Aspekte betont werden. Kleine Dinge wie Kreuze mögen als Amulette oder Glücksbringer gedient haben; nach Kriegsende wurden sie zu Souvenirs für zu Hause. Streichholzschachteln, Tabakdosen oder Aschenbecher erfüllten praktische Funktionen. Die Darstellung von schönen Ornamenten, Wappen, Landschaften, floralen Mus-

tern, Tieren, Menschen oder anderen Szenen mag auch im Krieg angenehme Erinnerungen hervorgerufen haben und für einige Augenblicke von den Schrecken abgelenkt haben. Eventuell wurde damit auch gehandelt: Die Kunstwerke konnten gegen andere Wertgegenstände oder Geld eingetauscht werden.

Auch wenn eventuell geschulte Handwerker unter den Soldaten waren, sind die Einzelstücke nicht immer hochwertig gearbeitet, da in den Schützengräben nur sehr begrenzte Gerätschaften zur Verfügung standen.

Tod auf dem Schlachtfeld

Immer wieder werden auch im Kampf getötete Soldaten aufgefunden. Zwar wurden in den ersten Jahren nach Kriegsende viele Tote von den Schlachtfeldern geborgen und auf Kriegsgräberfriedhöfen beigesetzt, jedoch blieben viele unentdeckt. So stießen Archäologen und Anthropologen auf einzelne Soldaten oder auch größere Einheiten, die in den Schützengräben oder in einem Schützenloch tödlich getroffen wurden. Die gekrümmte oder unnatürliche Körperhaltung zeigt, dass der oder die Soldaten an der Stelle ihres Todes bis zur Ausgrabung gelegen haben und dass die Kameraden keine Zeit gehabt hatten, die Leichname zu bestatten. In diesen Fällen findet sich auch die vollständige Ausrüstung vom Helm bis zu den Schuhen, Gewehre und alle anderen Gegenstände, die sie bei sich trugen. Manchmal blieb offensichtlich noch Zeit, die Verstorbenen in Einzel- oder Massengräbern zu beerdigen. Dann wurde meist versucht, die Toten in Rückenlage zu bestatten, mitunter liegen sie auch in den engen, nicht mehr für den Stellungskrieg benötigten Gräben oder Löchern. Zudem fehlen weitere Gegenstände, abgesehen von Uniform, Stiefeln und Helm. Gewehre wurden nicht mit ins Grab gelegt.

In den Massengräbern sind die Toten in gestreckter Rückenlage in regelhaften Reihen bestattet. Die stets erhaltenen Stiefel deuten an, dass die Soldaten in ihrer Uniform beigesetzt wurden, auch wenn sich die Textilien zersetzt haben. Dabei zeigt sich, dass man so weit als möglich um ein ehrenvolles Begräbnis bemüht war.

In einem Massengrab, das einer bekannten Schlacht zugeordnet werden kann, ruhen die Soldaten, die bei Fromelles nahe Lille in der Region Pas-de-Calais ihr Leben ließen. Bei diesem Gefecht Mitte Juli 1916 kamen rund 5500 Australier, 1400 Briten und nur relativ wenige deutsche – bayrische – Soldaten zu Tode. Veranlasst durch die australische Regierung und unter-

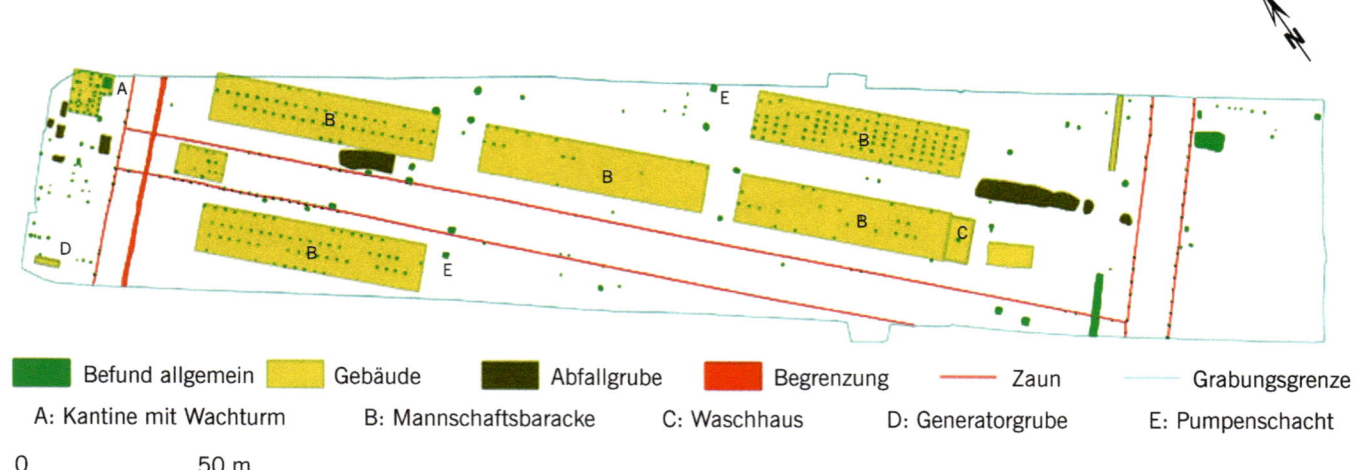

Befund allgemein ■ Gebäude ■ Abfallgrube ■ Begrenzung — Zaun — Grabungsgrenze

A: Kantine mit Wachturm   B: Mannschaftsbaracke   C: Waschhaus   D: Generatorgrube   E: Pumpenschacht

0   50 m

stützt durch die britische »Battlefield Heritage Group« sowie die Universität Bournemouth wurden zwischen 2007 und 2009 zunächst durch geophysikalische Prospektion über 300 Tote lokalisiert, anschließend 250 Soldaten und zugehörige Objekte geborgen und mit forensischen Methoden, u. a. DNA-Proben, untersucht. Persönliche Gegenstände und nicht zuletzt die DNA-Analysen ermöglichten eine Identifizierung von 75 australischen Soldaten. Auch diese Männer erhielten ihre letzte Ruhestätte in einem neu angelegten Kriegsgräberfriedhof, dem Fromelles Pheasant Wood Military Cemetery. Zu den Kämpfern auf deutscher bzw. bayrischer Seite gehörte auch Adolf Hitler, damals Obergefreiter des 16. Bayrischen Reserveinfanterie-Regiments.

Aus Grabgruben, die bis auf wenige Knochenreste oder Kleinfunde leer waren, hat man die Verstorbenen in den ersten Nachkriegsjahren exhumiert und umgebettet.

Die Auffindung getöteter Soldaten bringt stets umfangreiche anthropologische Untersuchungen mit sich. Dazu zählen die Feststellung von Geschlecht und Alter sowie eine detaillierte pathologische Erhebung, um den allgemeinen Gesundheitszustand sowie Todesumstände und -ursachen festzustellen. Finden sich persönliche Gegenstände oder Erkennungsmarken, können auch diese Toten noch nach rund 100 Jahren identifiziert werden. Recht einfach lässt sich zumindest herausfinden, zu welcher Einheit die Soldaten gehörten, da beispielsweise auf den Helmen das Wappen erkennbar ist. Anschließend erhalten die toten Soldaten ein Begräbnis auf einem der Kriegsgräberfriedhöfe. Die Nachfahren können informiert werden, gegebenenfalls die persönlichen Gegenstände in Empfang nehmen und mehr über die Todesumstände des Angehörigen erfahren.

Weitere Kriegsschauplätze

Auf den Schlachtfeldern der Westfront liegen sicherlich die bedeutendsten Fundplätze des Ersten Weltkriegs. Doch auch Stellungen und Schützengräben in den Alpen, sowohl auf österreichischer als auch auf italienischer Seite, rücken vermehrt in den Blick. Unter günstigen Bedingungen, etwa unter einem Gletscher, blieben sogar hölzerne Bauelemente eines Unterstands oder organische Überreste erhalten. Aber auch von Kämpfen, die sich vor der Küste Englands abgespielt und zur Versenkung von über 40 deutschen U-Booten geführt hatten, stammen materielle Hinterlassenschaften, die von Unterwasserarchäologen dokumentiert werden. Die U-Boote wurden in geringer Tiefe bis zu 15 m vor der Süd- und Ostküste Englands entdeckt und mithilfe von Sonargeräten näher untersucht (s. Abb. S. 17). In einigen Fällen zeigen große Löcher, dass die U-Boote von Torpedos oder Minen getroffen wurden und sanken.

In vielen Ländern wurden etliche Maßnahmen zum Schutz der eigenen Bevölkerung ergriffen, z. B. Bunkeranlagen in den Regionen angelegt, die der Feind mit seinen militärischen Mitteln erreichen konnte. So finden sich etwa in Südengland zahlreiche Anlagen, die von den Behörden als Relikte des Ersten Weltkriegs bewahrt werden. Gleiches gilt für Westdeutschland. Um diese möglichst vollständig zu erfassen, wird in Nordrhein-Westfalen ein Inventar der archäologischen Relikte beider Weltkriege und des Kalten Kriegs erstellt.

Der immense Bedarf an Waffen aller Art führte zu einem massiven Ausbau der Rüstungsindustrie. Die Überreste einer 1871 gegründeten und nach dem Ersten Weltkrieg geschlossenen Pulvermühle in Elisenthal bei Windeck im Sauerland wurden ebenso

Ausgrabungsplan mit Gebäudegrundrissen, Abfallgrube und Umgrenzung des Kriegsgefangenenlagers Quedlinburg.

dokumentiert wie die Schießübungsplätze für die produzierten Waffen der Firma Krupp in Essen. Auch aufgrund der Ausgrabungen können in Windeck die freigelegten Fundamente und Gebäudereste nun touristisch genutzt werden.

Daneben gibt es diverse andere archäologische Aktivitäten, die zwar im direkten Zusammenhang mit dem Ersten Weltkrieg in Europa stehen, aber das globale Engagement deutlich werden lassen. Beispielhaft genannt seien die Untersuchungen der Universität Bristol zum arabischen Aufstand gegen das osmanische Reich zwischen 1916 und 1918 im heutigen Jordanien, das von Großbritannien unterstützt wurde. Hier ließ sich die Verteidigungstaktik der Osmanen aufzeigen und wie sie sich veränderte. Die zunächst lineare Verteidigung wurde aufgegeben zugunsten kleiner Schanzen. Während somit umfangreiche Relikte von der osmanischen Anwesenheit zeugen, können die arabischen bzw. britischen Gegner kaum archäologisch nachgewiesen werden. Lediglich Gewehrkugeln und Granatsplitter liefern Hinweise auf den Guerillakrieg.

Kriegsgefangenenlager bei Quedlinburg

Die erste umfassende Ausgrabung eines Kriegsgefangenenlagers in Deutschland aus dem Ersten Weltkrieg wurde 2004 bei Quedlinburg, Sachsen-Anhalt, durchgeführt, eine weitere folgte in Dülmen. Im Rahmen von Straßenbauarbeiten in Quedlinburg wurden Komplexe aus zahlreichen Epochen der Ur- und Frühgeschichte, des Mittelalters und der Neuzeit freigelegt. Zu den jüngsten Befunden zählt ein Lager aus dem Ersten Weltkrieg. Schon direkt nach Kriegsbeginn wurden vielerorts von allen Kriegsparteien Lager für gefangen genommene Soldaten angelegt. Allein im Deutschen Reich gab es knapp 175 Kriegsgefangenenlager, in denen bis zu 2,5 Millionen Soldaten eingesperrt waren. In Quedlinburg waren in den ersten Kriegsjahren nicht sehr viele Menschen inhaftiert, und den Überlieferungen zufolge waren nicht alle Baracken belegt. Erst gegen Kriegsende nahm die Anzahl der Häftlinge massiv zu, und das Lager war überfüllt. Nach Kriegsende wurde es nicht sofort aufgelöst, die letzten – russischen – Häftlinge verließen Quedlinburg erst drei Jahre später.

Auf dem Gelände standen ehemals 48 Baracken, jeweils ca. 50 m × 15 bis 20 m groß; fünf wurden ausgegraben. Die weiteren Bodenverfärbungen stammen vom Stacheldrahtzaun, der das gesamte Lager umzog. Zusätzliche Begrenzungen teilten bestimmte Bereiche ab. Die Baracken können nicht zuletzt aufgrund weiterer zeitgenössischer Dokumente funktional zugeordnet werden. Während die Unterkünfte der Kriegsgefangenen aus Holz errichtet worden waren und die für Archäologen bekannten Pfostensetzungen hinterlassen haben, besaßen wenige Bauwerke gemauerte Fundamente. Dabei handelt es sich wohl um Unterbauten von Wachttürmen, um ein steinernes Waschhaus und Kanalisationseinrichtungen. In der Nähe des Wachturms stand ein weiteres Gebäude, bei dem sich auffällig viele Relikte von Gläsern, Flaschen, Geschirr und Besteck fanden – wohl die Lagerkantine. Zwar kochten die Häftlinge laut Schriftquellen für sich selbst, es bestand aber zugleich die Möglichkeit, sich in der Kantine Essen und Getränke zu kaufen. Gerade die zahlreichen Bierflaschen und Gläser mit Aufschriften örtlicher Brauereien belegen eine regelmäßige Belieferung des Lagers und den Konsum von Bier aus der Region. Aber auch Wasser- und Limonadenflaschen gehören zum Fundspektrum. Da sich die Bierflaschen überall fanden, die Biergläser jedoch nur im Umfeld der Kantine, darf man annehmen, dass dort auch Fassbier ausgeschenkt wurde und die Bierflaschen zu den Unterkünften mitgenommen werden konnten. Eine Bierflasche fällt aus dem Repertoire, sie stammt von keiner örtlichen Brauerei, sondern aus Reims. Darüber hinaus gibt es Fragmente von anderen nordfranzösischen Bierflaschen, Porzellan oder Schnürsenkel aus französischen Betrieben. Sicherlich handelt es sich dabei um Dinge, die Verwandte oder Bekannte aus der Heimat an die Soldaten im Lager geschickt hatten. Ob diese die Geschenke auch tatsächlich bekommen oder die Wachen diese behalten haben, lässt sich nicht eindeutig sagen. Die Verbindung der Kriegsgefangenen mit ihren Angehörigen ist bei diesen Beispielen für die französischen Häftlinge erkennbar. Dass tatsächlich auch zahlreiche Soldaten anderer Nationalitäten in Quedlinburg waren, belegen Uniformknöpfe und Ausrüstungsgegenstände etwa aus Russland oder Großbritannien. Aber auch Uniformknöpfe der deutschen Bewacher sind überliefert. Hygieneartikel wie Zahnbürsten, Zahnpasta, Kämme, Rauchutensilien und Dinge für die Freizeitgestaltung wie Spielsteine ermöglichen zusätzliche Einblicke in das Lagerleben.

Schriftliche Überlieferungen und Zeitzeugenberichte geben Hinweise zur Zusammensetzung der Häftlingsgemeinschaft, doch die Lebensbedingungen und Kontakte zur Heimat der jeweiligen Gruppen waren nicht erkennbar, können nun aber durch die archäologischen Funde und Befunde sichtbar gemacht werden.

Einige Bierflaschen aus dem Kriegsgefangenenlager Quedlinburg stammen aus französischen Brauereien, z.B. aus Reims, und sind vermutlich französischen Häftlingen aus der Heimat zugeschickt worden.

Der Zweite Weltkrieg

Die Entwicklung und Etablierung einer zeitgeschichtlichen bzw. Archäologie des 20. Jahrhunderts hängt eng mit dem Bestreben zusammen, nationalsozialistische Tatorte aufzudecken. In der Nachkriegszeit und während des Kalten Kriegs waren die Relikte oft nicht mehr sichtbar. Etliche Bauten wurden nach und nach abgetragen, neue Gebäude und Straßen überdeckten die letzten Spuren, sodass sie vielfach in Vergessenheit gerieten. Nur an speziellen Orten, die früh als Gedenkorte eingerichtet wurden, blieb die Erinnerung wach. Seit Mitte der 1980er-Jahre wurde in Deutschland entschieden gefordert, sich intensiv mit der Aufarbeitung des Nationalsozialismus und den Verbrechen an der jüdischen Bevölkerung und zahlreichen anderen Gruppen zu befassen. Historische Forschungen setzten ein, aber auch erste Freilegungen, die sich allerdings noch nicht als reguläre Ausgrabungen bezeichnen lassen, erregten Aufsehen. Im Mai 1985 fand durch die »Berliner Geschichtswerkstatt« und den Verein »Aktives Museum Faschismus und Widerstand in Berlin« eine symbolische Grabung auf dem Gelände der ehemaligen Zentrale der Geheimen Staatspolizei, der SS und des Reichssicherheitshauptamtes in Berlin statt. Bei der Fortsetzung der Aktion 1986 entdeckte man neben den Kellerresten des Nordflügels auch Zellen des Gefängnisses der Gestapozentrale. Damit wurde deutlich, dass diese Orte der Verbrechen nicht völlig verschwunden sind, sondern noch immer dicht unter der Oberfläche liegen. Die nun permanent sichtbaren Fundamente an der späteren Gedenkstätte »Topografie des Terrors« in Berlin ließen ein Vergessen nicht mehr zu. Die Mauern erinnern permanent an das Unrecht und das Leid, das hier zahllose Menschen seit der so genannten Machtergreifung 1933 erfahren mussten.

Ende der 1980er- und in den frühen 1990er-Jahren begannen dann Archäologen mit Ausgrabungen in den ehemaligen Vernichtungs- und Konzentrationslagern. Schnell folgten Aktivitäten an anderen Tatorten. Unabhängig voneinander sind erste Maßnahmen in Polen und in Deutschland durchgeführt worden. Mitunter war die Schaffung einer neuen Gedenkstätte oder die Umgestaltung einer bestehenden Anlass für die Forschungen. Die Motivation war und ist in beiden Ländern jedoch unterschiedlich. In Deutschland stand die Auseinandersetzung mit der eigenen Geschichte im Vordergrund, insbesondere mit den Jahren, in denen die Nationalsozialisten Unterdrückung, Leid, Terror und Krieg über Deutschland und weite Teile Europas gebracht hatten. Auf diese Weise stellte sich Deutschland seiner Vergangenheit, und die Aktivitäten verdeutlichen das Bewusstsein und den Willen, die dunklen Kapitel zu erforschen und die Ergebnisse für die Bevölkerung, für Besucher und Touristen nachdrücklich zur Verfügung zu stellen.

Anders die Situation in Polen, einem Land, das besonders stark unter dem Nationalsozialismus und dem Zweiten Weltkrieg zu leiden hatte. Für die polnischen Archäologen stand in dieser Zeit des politischen Umbruchs und der Auflösung der Ostblockstrukturen die Aufdeckung der Verbrechen an der polnischen Bevölkerung im Mittelpunkt. Dies betrifft in erster Linie das durch die Nationalsozialisten verübte Unrecht, aber auch die Verbrechen des Stalinismus. Zudem gab es nur wenige Gedenkstätten, an denen man der (eigenen) Opfer gedenken konnte. Neben den Untersuchungen in den ehemaligen NS-Vernichtungslagern wurden daher auch schon früh z. B. Massengräber freigelegt, die mit durch Stalin veranlasste Erschießungen zusammenhängen.

Massengräber von Katyn

Katyn, ein kleiner Ort im heutigen Russland, ist weithin bekannt für den Mord an über 20 000 Menschen der polnischen Intelligenz, von Offizieren und Polizisten. Daneben gibt es einige andere Orte dieses Verbrechens in der ehemaligen Sowjetunion, in der Ukraine und in Weißrussland. 1939 waren diese Personen in einer Verhaftungswelle in sowjetische Gefangenschaft geraten und zunächst in Lagern inhaftiert. Im Frühjahr 1940 erteilte Stalin den Befehl, Gefangene zu erschießen. Die Tötung erfolgte dann durch Einheiten des sowjetischen Innenministeriums (Volkskommissariat des Inneren). Schon während des Zweiten Weltkriegs, 1943, wurden die Massengräber von der deutschen Wehrmacht entdeckt. Eine Untersuchungskommission aus Gerichtsmedizinern verschiedener europäischer Länder, polnischen Exilanten und dem Roten Kreuz konnte anhand von Objekten wie sowjetischer Munition die Schuldfrage klä-

Die Massengräber von Katyn wurden schon 1943 durch die deutsche Wehrmacht entdeckt und ausgehoben. Eine internationale Kommission stellte damals fest, dass die polnischen Bürger von den Sowjets erschossen worden waren.

ren. Lange leugnete die Sowjetunion das Verbrechen, erst Michail Gorbatschow gestand 1990 offiziell die Schuld ein.

Auch wenn die Hinrichtungsorte und Massengräber nicht auf polnischem Staatsgebiet liegen, ist es seit etlichen Jahren ein großes Anliegen Polens, diese Stätten zu erforschen. Der staatliche Rat zur Bewahrung des Gedenkens an Kampf und Martyrium (Rada Ochrony Pamięci Walk i Męczeństwa) unterstützt polnische Archäologen und Anthropologen bei der Freilegung.

Zeitgenössische Luftbilder ermöglichten zunächst die präzise Lokalisierung. Neben Katyn müssen noch Mednoje bei Twer (Russland), Charkiw und ein Wald

Antikommunistische Kämpfer wurden in versteckten Gräbern auf dem Friedhof Quarter L der Powązki in Warschau beigesetzt. Bei der Ausgrabung im Mai 2013 konnten viele Tote identifiziert werden.

bei Bykiwnja nahe Kiew (beide Ukraine) genannt werden; allein in Bykiwnja fanden sich 210 Massengräber. Zwischen 1991 und 1996 wurden Katyn, Mednoje und Charkiw freigelegt, seit 2006 folgten Ausgrabungen in Bykiwnja.

Vor Ort wurden zunächst in regelmäßigen Abständen Bohrungen durchgeführt, um die Anzahl und die Ausmaße der Gräber zu bestimmen. Dabei wurden hohle Bohrer mit 6 cm Durchmesser bis zu 5 m tief in den Boden eingedreht, dann Suchschnitte angelegt und anschließend feigelegt. Anthropologische Untersuchungen an den menschlichen Überresten gaben Hinweise zur Todesursache. Die Menschen wurden aus nächster Nähe in den Hinterkopf geschossen, teilweise wiesen sie gebrochene Hände, Rippen und Schädel auf, die Folter und Misshandlungen belegen. Zudem fanden sich zahlreiche persönliche Gegenstände und militärische Ausrüstung polnischen Ursprungs, darunter Erkennungsmarken, Knöpfe und andere Uniformapplikationen, Schuhe, persönliche Papiere, Tagebücher, Kämme, Zahnbürsten, Brillen, Geschirr, Kreuzanhänger, Zigarettendosen oder Spielfiguren. So war es dank forensischer Archäologen und Anthropologen möglich, mehrere tausend Tote zu identifizieren. Die Objekte wurden nach Polen gebracht, dort restauriert und im Warschauer Katyn-Museum ausgestellt. Die Ermordeten wurden je-

doch an den dort nun bestehenden Gedenkstätten belassen.

An den Erschießungsorten fanden sich zugleich Belege für die 1943 von den Nationalsozialisten und der internationalen Kommission durchgeführten Exhumierungen sowie Beweise, dass die Gräber bereits vom sowjetischen Geheimdienst geöffnet worden waren, um Spuren der Täter zu verwischen. So wurden bei einigen Leichen aus den oberen Schichten die originalen sowjetischen Kugeln durch deutsche ersetzt und deutsche Zeitungen zwischen die Toten gelegt.

Die Untersuchungen in Katyn, Mednoje, Charkiw und im Wald bei Bykiwnja sind für die polnische Nation von hoher Bedeutung. Da von russischer Seite die Archive nur zögerlich geöffnet werden und viele Informationen bis heute fehlen, sind die archäologischen und anthropologischen Ergebnisse wichtig für das polnische Gedenken an die eigenen Opfer.

NS-Lager als Fundorte

Seit Jahren stehen nationalsozialistische Lager im Fokus vielfältiger Forschungen, insbesondere Historiker haben sich intensiv damit auseinandergesetzt. Zunächst waren es Konzentrations- und Vernichtungslager, seit einiger Zeit auch die Außenlager, die

Während des Nationalsozialismus existierten rund 20 Hauptkonzentrationslager und etwa 1200 Nebenlager, in denen unzählige Häftlinge ausgebeutet, terrorisiert und ermordet wurden. Mit einem Kreuz sind Vernichtungslager gekennzeichnet.

Das Konzentrationslager Dachau hatte knapp 197 Außenlager, wovon einige heute auf österreichischem Territorium liegen. So auch Mauthausen, zu dem rund 50 Außenlager gehörten. Diese wurden vornehmlich dort errichtet, wo die Häftlinge Zwangsarbeit in kriegswichtigen Industrien leisten mussten. Blaue Punkte markieren Außenlager von Dachau, rote Punkte stellen Außenlager von Mauthausen dar, (größere Punkte stehen für mehrere Außenkommandos an einem Ort).

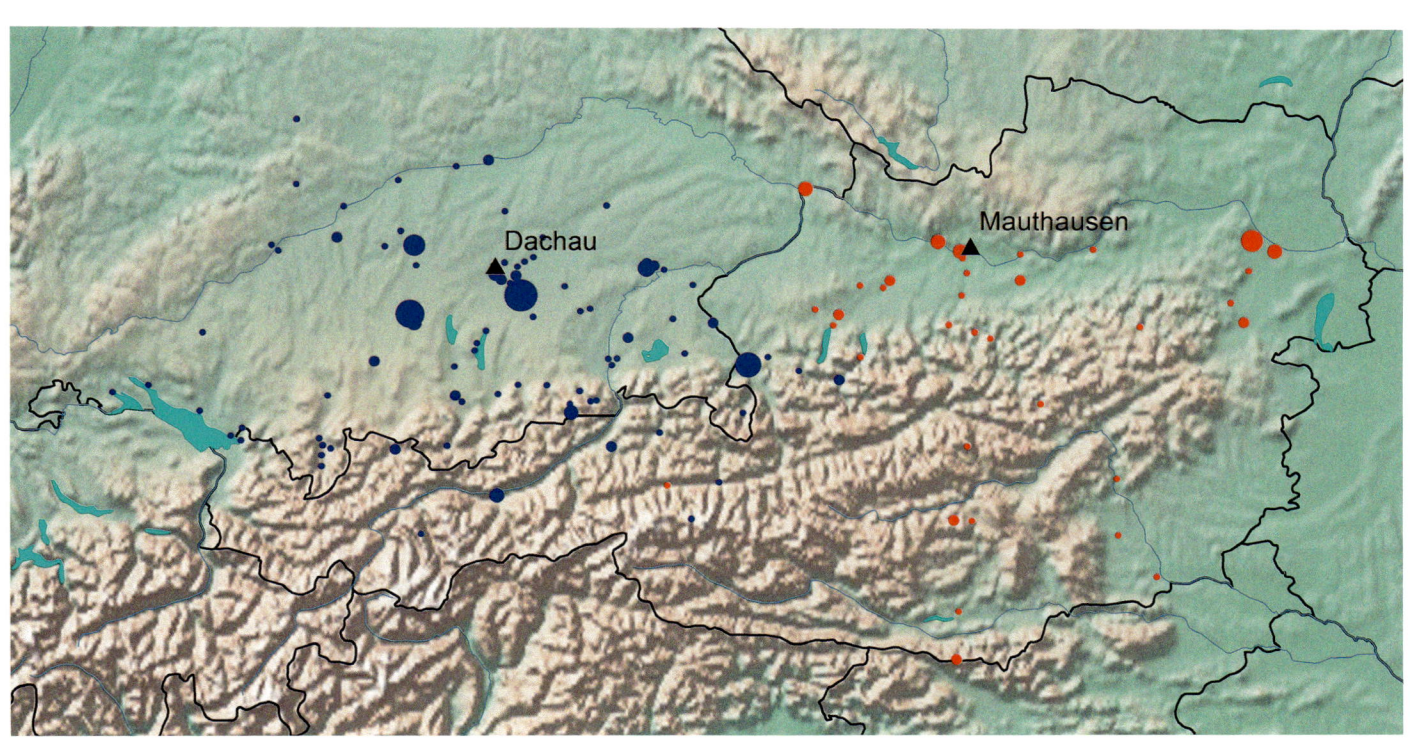

Vaivara

Jungferndorf bei Riga

Riga-Kaiserwald

Kaunas

Maly-Trostinec

Stutthof

Chelmno

Treblinka

Neuengamme

Warschau

Ravensbrück

Sachsenhausen

Bergen-Belsen

Sobibór

Arbeitsdorf

Lublin-Majdanek

Herzhogenbusch Wewelsburg

Belzec

Mittelbau-Dora

Buchenwald

Groß-Rosen

Auschwitz-Birkenau

Krakau-Plaszów

Flossenbürg

Natzweiler-Struthof Dachau

Mauthausen

Dachau

Mauthausen

Zwangsarbeiter-, Arbeitserziehungs-, Kriegsgefangenen- und vielen anderen Internierungslager. Schon drei Wochen nach Hitlers Machtergreifung wurde in Dachau das erste Konzentrationslager eröffnet. Die Anzahl der Lager ist immens hoch, jedem bekannt ist Auschwitz bzw. das Vernichtungslager Auschwitz II-Birkenau. Die älteren Generationen haben noch einen Überblick über etliche der Hauptkonzentrationslager und vielleicht einige Nebenlager bzw. deren Gedenkstätten. Die Jüngeren wissen um die ehemaligen Lager in der eigenen Heimatregion, aber kaum darüber hinaus. Nahezu unbekannt sind die anderen genannten Internierungslager. Man muss davon ausgehen, dass während der nationalsozialistischen Herrschaft mehrere Millionen Menschen in über 40 000 Lagern eingesperrt und terrorisiert wurden. Sie mussten Zwangsarbeit leisten, sie waren ihrer Rechte beraubt, sie wurden gefoltert und ermordet. Sicherlich sind die Verhältnisse in den Lagern nicht unbedingt vergleichbar. Zwangsarbeiter, insbesondere aus Westeuropa, oder die der Genfer Konvention unterstellten Kriegsgefangenen wurden deutlich besser behandelt als Zwangsarbeiter aus dem östlichen Mittel- oder Osteuropa. Dagegen mussten die Häftlinge der Konzentrationslager ständig mit dem Tod rechnen. Die in die Vernichtungslager verschleppten Menschen hatten keine Überlebenschance. Sie wurden erschossen oder mit Abgasen oder Zyklon B umgebracht.

Während die Zahl der Lager von der Machtübernahme 1933 bis Kriegsbeginn noch gering war, wurden ab 1940 viele neu errichtet. Je nach Zählung gab es rund 20 bzw. knapp 30 Hauptkonzentrations- und Vernichtungslager. Jedem waren zwischen drei (Bergen-Belsen) und knapp 200 (Dachau) Außenlager unterstellt (s. Abb. S. 37).

Insgesamt existierten rund 1200 Außenlager, in denen die Häftlinge wie in den Hauptlagern zur Zwangsarbeit in zahllosen kriegswichtigen Industrieanlagen, am Westwall (Hinzert), am so genannten Friesenwall (Schwesing), in Steinbrüchen (z. B. Flossenbürg, Mauthausen) oder Klinkerwerken (z. B. Sachsenhausen, Neuengamme), gezwungen wurden. Hinzu kamen rund 900 Gettos, in denen Juden interniert waren, mindestens 25 000 Zwangsarbeiterlager und weit über 5000 Kriegsgefangenenlager.

Die eindeutige Zuweisung zu einem Lagertyp ist nicht immer möglich, da die Funktionen wechseln konnten. So war Esterwegen eines der frühen Konzentrationslager, das schon im Sommer 1933 gegründet, jedoch im Sommer 1936 wieder aufgelöst und dann gemeinsam mit weiteren so genannten Moorlagern im Emsland als Strafgefangenenlager weitergenutzt wurde. Nach dem Krieg diente es als Internierungslager der britischen Besatzung, als Strafvollzugsanstalt und als Flüchtlingsdurchgangslager.

Beim Heranrücken der Ostfront und in den letzten Kriegstagen versuchten die Wachmannschaften der Nationalsozialisten, ihre Spuren von Gewalt und Tötung zu verwischen. Die Vernichtungslager im Osten des heutigen Polens bestanden nur relativ kurze Zeit und wurden bereits 1942 bzw. 1943 dem Erdboden gleichgemacht. Anschließend baute man Bauernhäuser auf den Grund zur Vertuschung der Verbrechen. In deutschen oder österreichischen Konzentrationslagern wurden die technischen Ausrüstungen für die

Im Industriehof in Sachsenhausen hatten die Nationalsozialisten die technischen Anlagen aus der Gaskammer versteckt. Doch schnell wurden sie nach der Befreiung gefunden.

Gaskammern von den Nationalsozialisten demontiert und versteckt, jedoch nach Kriegsende von den Alliierten sofort wieder gefunden (s. Abb. S. 38).

Viele aus Holz errichtete Baracken der Konzentrations- und Nebenlager wurden nach dem Krieg teilweise abgetragen und an anderer Stelle wieder aufgebaut, da Baumaterial knapp war. Zahlreiche Lager verschwanden vollständig, sämtliche Gebäude und Infrastrukturen wurden abgerissen. Auf diese Weise ging in den nun schon fast 70 Jahren vielfach die Erinnerung daran verloren. Zwar wurden an den Hauptkonzentrations- und einigen Vernichtungslagern Mahnmale und Gedenkstätten errichtet, doch an sehr vielen Orten hatte die Bevölkerung daran kein Interesse. Heute gibt es in der Regel auch an den Außenlagern zumindest Gedenktafeln, und die Zahl der Gedenkstätten hat erheblich zugenommen.

Dieses gestiegene Interesse berührt zugleich die Archäologie und führte zu vielen Feldbegehungen, Ausgrabungen und Fundbergungen. Immer wieder wird als Begründung für die Untersuchungen angeführt, dass man wissen wolle, welche Spuren noch im Boden vorhanden seien. Ein weiterer ganz wesentlicher Grund ist, dass die Fundamente und Gebäudereste für Besucher wieder sichtbar werden sollen. Somit kommt der Archäologie eine zentrale Rolle bei der Gedenkstättenarbeit und der musealen Visualisierung der historischen Strukturen zu. Doch die freigelegten Relikte erfordern auch eine nachhaltige Betreuung und Pflege. Zu den aufwendigen und kostenintensiven Maßnahmen zählen etwa landschaftsgärtnerische Arbeiten oder die Errichtung von Überdachungen und Schutzbauten.

Im Folgenden werden zunächst einige Ausgrabungen, deren Zielsetzungen und Befunde dargestellt, die geborgenen Funde jedoch nur kurz erwähnt. Ein eigener Abschnitt thematisiert dann detailliert die zahllosen Objekte und deren Aussagekraft.

Anfänge in Deutschland: Witten-Annen

Als Erstes ausgegraben wurde das Außenlager Witten-Annen im südlichen Ruhrgebiet. Bald darauf folgten Freilegungen in Buchenwald, Mittelbau-Dora, Sachsenhausen, Ravensbrück, Bergen-Belsen oder Dachau, aber auch in den Lagern auf heute polnischem Boden, in Bełżec, Sobibór oder Chełmno. Grabungen z. B. in Mauthausen, Neuengamme, Flossenbürg und einigen Nebenlagern schlossen sich an. Hinzu kamen Unternehmungen in den Niederlanden, Großbritannien, Norwegen oder Frankreich.

Witten-Annen gehört zu den Orten des NS-Terrors, die in Vergessenheit geraten und erst in den späten 1980er-Jahren wieder beachtet worden sind. Zwischen September 1944 und der Befreiung Ende März 1945 waren dort Häftlinge interniert, die in einem Gussstahlwerk im Stadtteil Annen Zwangsarbeit leisten mussten. Von 1940 bis 1944 waren die Häftlinge an unterschiedlichen Orten untergebracht. In Witten-Annen standen vier Baracken, etliche Funktionsgebäude sowie ein Krankenrevier. Ein weiteres Lager für sowjetische Zwangsarbeiter (sog. Russenlager) befand sich in unmittelbarer Nähe. Nach Kriegsende wurden fast alle Gebäude abgetragen und auf dem Areal Wohnhäuser errichtet. Lediglich in einem Teilbereich

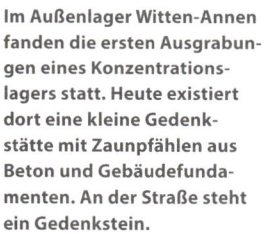

Im Außenlager Witten-Annen fanden die ersten Ausgrabungen eines Konzentrationslagers statt. Heute existiert dort eine kleine Gedenkstätte mit Zaunpfählen aus Beton und Gebäudefundamenten. An der Straße steht ein Gedenkstein.

In Buchenwald legten Archäologen Überreste im so genannten Kleinen Lager frei, das erst jüngst mit in die Gedenkstätte integriert wurde. Hier werden auch die steten Veränderungen und Erweiterungen sichtbar. Bevor die Latrine gebaut wurde, trennte ein Zaun, dessen Verlauf durch Betonpfeiler markiert ist, den Bereich ab.

wurden die Baracken zunächst weiter genutzt, später ebenfalls entfernt, doch nicht überbaut.

In das öffentliche Bewusstsein geriet das ehemalige Lager, als Schüler aus Witten Mitte der 1980er-Jahre bei einem Besuch der Gedenkstätte Buchenwald den Namen ihres Heimatorts auf einer Tafel lasen, auf der alle Nebenlager von Buchenwald verzeichnet waren – eine Tatsache, die zwar wenigen Historikern bekannt, jedoch nicht im öffentlichen Bewusstsein der Region verankert war. Schnell kam der von der Stadt Witten unterstützte Wunsch auf, das Lager wieder in Erinnerung zu rufen. Man trat an die Denkmalpflegebehörde in Westfalen mit der Bitte heran, eine Ausgrabung auf dem Gelände durchzuführen, um mögliche Spuren des Lagers im Boden zu erfassen und eventuell sichtbar zu machen. Die Arbeiten fanden 1990/91 statt und gelten als die frühesten Freilegungen eines Konzentrationslagers in Deutschland. Damals führten sie in der Fachwelt und insbesondere der Denkmalpflege zu Diskussionen über den Sinn des behördlichen Engagements an solchen Orten.

Im Vorfeld wurde intensiv in Archiven recherchiert. Schriftquellen gaben Aufschluss über einige Funktionsbereiche, auch ein Plan des Lagers von 1941 wurde entdeckt. Doch viele Fragen blieben offen, und man erhoffte sich von den Archäologen Antworten auf unklare Zusammenhänge.

Eine erste Sondierung vor Ort zeigte, dass auf dem nicht überbauten Gelände noch Fundamentreste sichtbar sowie teils Betonpfeiler des Lagerzauns vorhanden waren. Bei der Freilegung fanden sich Bara-

ckenreste von Wachmannschaften mit Heizungskeller und Kohlelager. Zudem wurden schnell zahlreiche Funde geborgen, die – wie erhofft – Aufschluss über das Lagerleben geben konnten. Ähnlich wie bei anderen ausgegrabenen Konzentrationslagern stieß man auch hier auf eine Müllgrube, die nach Aufgabe des Lagers nach Kriegsende angelegt worden war, um kleinere Gegenstände aller Art zu entsorgen. Essgeschirr, persönliche Dinge der Häftlinge oder Arbeitsmarken, Objekte aus den Baracken selbst sowie Militaria lassen erahnen, was Inhaftierten und Wachmannschaften zur Verfügung stand.

Heute existiert auf dem Gelände eine kleine Gedenkstätte. Ein Stein erinnert an die Opfer, Zaunpfähle aus Beton deuten die Begrenzungen an, Bodenplatten markieren einige ehemalige Gebäude, das Areal steht unter Denkmalschutz. Jedoch gibt es keine Wegweiser dorthin, und ohne Ortskenntnis ist die Gedenkstätte schwer zu finden.

Konzentrationslager Buchenwald

Umfangreiche Ausgrabungen hat es auch in Sachsenhausen nördlich von Berlin und Buchenwald bei Weimar gegeben. Das Konzentrationslager Buchenwald wurde 1937 auf dem Ettersberg über Weimar errichtet. Es gliederte sich in drei Bereiche: das Hauptlager, das 1938 erbaute Kleine Lager, wo sich seit 1942 eine Quarantänestation befand, und das so genannte Zeltlager. In der Endphase galt insbesondere der Quarantänebereich als Sterbelager. Die Häftlinge mussten unter anderem Zwangsarbeit in einem Steinbruch und in Rüstungsbetrieben leisten. Zu Buchenwald gehörten deutlich mehr als 100 Außenlager und Außenkommandos. Bald nach der Befreiung im April 1945 wurde auf dem Gelände im August 1945 ein bis 1950 bestehendes Sowjetisches Speziallager eingerichtet, 1958 dann die Nationale Mahn- und Gedenkstätte der DDR. Die politische Wende in Deutschland führte in den frühen 1990er-Jahren zu einer Neukonzeption der Gedenkstätte. Damit einher gingen etliche Ausgrabungen und Fundbergungen. Besondere Aufmerksamkeit erfuhr das so genannte Kleine Lager, wo mehrere Barackengrundrisse und seit 1996 eine Müllhalde freigelegt wurden. Alle Abfallgruben der ehemaligen Konzentrationslager haben erhebliche Ausmaße, die in keiner Weise mit älteren mittelalterlichen oder frühneuzeitlichen Gruben zu vergleichen sind. Sicherlich müssen die besonderen Bedingungen in einem Lager berücksichtigt werden. Auch wenn die Häftlinge nur wenige Habseligkeiten besaßen, waren doch auf engstem Raum unzählige Menschen zusammengepfercht, sodass stets Müll anfiel. Während die Lagerverwaltung in den ersten Jahren noch auf Sauberkeit achtete, gehörte die Abfallbewältigung gegen Kriegsende zu den großen Problemen. Vielfach berichteten die Befreier von großen Müllbergen. Durch den Abriss von Baracken und Gebäuden nach dem Krieg kam weiterer Unrat hinzu. In Buchenwald konnten aus einem lediglich 4 m × 8 m großen Bereich ca. 2500 Objekte sowie knapp 4000 Knöpfe geborgen werden.

Auch Jugendliche beteiligten sich an den Arbeiten im Rahmen von Workcamps, um etwas über Strukturen und Verhältnisse in den Konzentrationslagern zu lernen. Funde wurden in einer Objektdatenbank (»Fundstücke: Ein Bild-Katalog«) erfasst, die zum Teil im Internet zugänglich ist und in der Gedenkstätte Buchenwald für die Bildungsarbeit genutzt und weiterentwickelt wird. Funktionale Kriterien sind Lagereinrichtung und -verwaltung, lokales Umfeld, Wege ins Lager, Verfolgte, Existenzbedingungen, Häftlingskrankenbau, Arbeit, arbeitsfreie Zeit und Selbstbehauptung sowie etliche Untergruppierungen. Inzwischen gibt es eine entsprechende Datenbank zum Konzentrationslager Mittelbau-Dora. Die Funde erlauben tiefe Einblicke in das Leben bzw. die Überlebensstrategien der Häftlinge, vielfach handelt es sich um einfache von Inhaftierten selbst gefertigte Objekte. Die hohen Abnutzungsspuren belegen, dass nur wenig zur Verfügung stand und man die wenigen Habseligkeiten lange benutzen und auch reparieren musste. Etliche Einritzungen oder andere Markierungen geben Hinweise auf die Eigentümer und bieten die Chance, die Stücke bestimmten Gefangenen zuzuordnen und so ihre Geschichte ein wenig zu erhellen.

Konzentrationslager Sachsenhausen

Das Lager Sachsenhausen nördlich von Berlin wurde 1936 erbaut, als dort die Olympischen Spiele stattfanden. Es war gezielt als Dreieck angelegt worden. Vom

Der Zaun des ehemaligen Konzentrationslagers Sachsenhausen mit Eingangsturm A.

Eingang und Wachturm A aus, der mittig an der Basis des Dreiecks gebaut wurde, war ein freier Blick auch zwischen die davor halbkreisförmig angeordneten Baracken und somit totale Kontrolle möglich. Bei später errichteten Konzentrationslagern wich man jedoch von dieser Bauweise zugunsten von klassischen rechteckigen Anlagen ab. Auch die ab 1938 notwendigen Erweiterungen in Sachsenhausen selbst wurden nicht in das ursprüngliche Konzept integriert. Südlich des Lagerdreiecks befanden sich die Kommandantur und die Baracken der SS. Abgeschirmt vom Hauptlager waren im westlich anschließenden Indus-

triehof das Tötungsareal mit Erschießungsanlage, Gaskammer und Krematorium untergebracht, die so genannte Station Z. So sind die beiden Bezeichnungen – Turm A als Anfangspunkt und Eingang sowie Station als Tötungsbereich und absoluter Endpunkt – bewusst von den Nationalsozialisten gesetzt worden.

Am 22./23. April 1945 wurde das Lager befreit. So wie auch Buchenwald wurde Sachsenhausen ab August 1945 als Sowjetisches Speziallager weitergeführt, inklusive aller Einrichtungen bis auf die Tötungsbereiche. Ab 1950 nutzte die Nationale Volksarmee (NVA) einige Areale, viele Gebäude verfielen aber auch in dieser Zeit, 1952/53 wurde die Station Z gesprengt. Ab 1961 befand sich auf dem Gelände eine weitere nationale Mahn- und Gedenkstätte der DDR. Der Ort hat durch diese vielfältige Geschichte zahlreiche bauliche Veränderungen erfahren, etliche Gebäude wurden abgerissen. Seit 1993 existieren dort die Gedenkstätte und das Museum Sachsenhausen. Eines der neuen Konzeptziele ist es, alle Facetten des nationalsozialistischen Konzentrationslagers, des Sowjetischen Speziallagers, aber auch der DDR-Gedenkstätte aufzuzeigen.

Die Neugestaltung führte zu umfangreichen Baumaßnahmen, die grundsätzlich archäologisch begleitet wurden, um die im Boden erhaltenen Überreste zu dokumentieren. Eine größere Maßnahme fand im Bereich der Station Z statt. Schon seit 1939 hatte es dort ein Krematorium gegeben. Im Winter 1941/42 wurden eine Erschießungsanlage und ein neues Krematorium gebaut, die Gaskammer wurde 1943 instal-

In Sachsenhausen wurde der alte gepflasterte Weg zur Gaskammer ausgegraben. Zwischen den Steinen liegen künstliche Zähne von Zahnprothesen.

In den Gedenkstätten existieren auch Friedhofsareale, wie hier in Sachsenhausen, auf denen menschliche Überreste bestattet werden. Gemäß jüdischer Tradition werden häufig Steine darauf gelegt.

Konzentrationslager sind Orte des Sterbens. So stößt man bei Ausgrabungen immer wieder auf Überreste von getöteten und verbrannten Häftlingen. In Sachsenhausen fanden sich insbesondere bei den Krematoriumsöfen große Mengen Leichenasche, die zunächst in Kartons aufgelesen wurde.

liert. Bei den Ausgrabungen hat man auch den alten Zugang zur Gaskammer freigelegt. Der Weg war gepflastert, zwischen den einzelnen Steinen fanden sich u. a. Zähne bzw. künstliche Zähne von Zahnprothesen. Hinter dem Krematorium ließ sich der Umgang mit der Asche der Ermordeten dokumentieren. Die Asche wurde aus den Öfen geräumt und in einen vom Krematorium aus zugänglichen außen angebrachten Aschebehälter gefüllt. Sobald dieser voll war, wurde die Asche in große Gruben umgeschüttet. Fotografien, die nach der Befreiung entstanden sind, zeigen in diesem Bereich große Haufen und Halden mit verbrannten menschlichen Überresten. Auch dieser freigelegte Befund ist nun wieder sichtbar.

In den Konzentrationslagern war der Tod stets allgegenwärtig, und so werden auch Archäologen immer mit den getöteten Opfern konfrontiert. Auch im Bereich der Station Z wurden sehr große Mengen an Leichenbrand geborgen. Die jüdischen Religionsgesetze, die eine ungestörte Totenruhe vorschreiben, verbieten anthropologische Untersuchungen an den Ermordeten. An Fundorten, wo jüdische Menschen zu Tode kamen, wird dies respektiert. In der Regel sieht die Übereinkunft mit den jüdischen Gemeinden vor, die Überreste auf den Friedhöfen in den Gedenkstätten beizusetzen.

Konzentrationslager Mauthausen

Eine Neukonzeption von Gedenkstätte und Ausstellungen erforderte auch in Mauthausen historische und archäologische Untersuchungen. Der Bau des Konzentrationslagers hatte im Sommer 1938 begonnen, es sollte ein Konzentrationslager für die Häftlinge in Österreich geschaffen werden. Anders als in

Sachsenhausen wurde ein rechteckiges Lager gebaut, das leichter systematisch zu erweitern war, wie die Erfahrungen mit dem Lagerdreieck in Sachsenhausen gelehrt hatten.

Die Gefangenen mussten im nahen Granitsteinbruch Schwerstarbeit leisten. Viele starben an den unmenschlichen Bedingungen, Unterernährung oder durch SS-Willkür, etliche wurden in der Gaskammer ermordet. Schon 1947 war das Lager Mauthausen von der sowjetischen Besatzungsmacht an Österreich zurückgegeben worden, mit der Auflage, eine Gedenkstätte zu errichten. Damaliges Ziel der Opferverbände war es, den Appellplatz mit Funktionsgebäuden der SS (Wäscherei, Küche, Arrestgebäude, Krankenreviergebäude) auf der einen sowie eine Reihe von Häftlingsbaracken auf der anderen Seite wieder sichtbar zu machen. Diesen Bereichen kam aus damaliger Sicht hohe symbolische Bedeutung für das Leiden der Inhaftierten zu. In der Mitte des Appellplatzes wurde ein Sarkophag als zentraler Gedenkort aufgestellt. Die übrigen Baracken und Außenbereiche waren explizit als nicht erhaltenswert erachtet worden. Zudem hat man die Baracken nach dem Krieg weiterbenutzt. Sie wurden abgetragen und anderweitig verwendet. Im Laufe der Zeit waren von den Außenbereichen nur noch für den geübten Archäologenblick obertägige Reste erkennbar. Für Besucher beschränkte sich der Aufenthalt also lediglich auf die zentralen Gebäude um den Appellplatz und die Ausstellung. Die neue Konzeption sieht nun vor, wieder die gesamte räumliche Dimension des Lagers sichtbar zu machen. Außerdem sind die Funde mit ihrer eigenen Aussagekraft in die Präsentation integriert.

Mauthausen bestand in seiner Endphase aus dem Hauptlager (Lager I) mit 20 Häftlingsbaracken, Erweiterungen (Sonderlager, Lager II) innerhalb der Mauern, dem so genannten Sanitätslager (oder Russenlager) südwestlich des Hauptlagers mit zehn Häftlingsunterkünften, einer Küchen- und einer Sanitätsbaracke, dem Lager III südöstlich des Hauptlagers und einem Zeltlager mit sechs großen und einigen kleineren Zelten im nördlichen Außenbereich. Hinzu kamen diverse Baracken der SS, die als Unterkünfte oder Werkstätten dienten. Auf dem Areal der SS-Werkstätten wurde in den frühen 2000er-Jahren ein neues Besucherzentrum errichtet, dessen Bau schon damals archäologisch begleitet wurde.

Um zu eruieren, welche Überreste von den genannten Außenbereichen noch im Boden vorhanden sind, wurde zunächst das gesamte Sanitätslager, das Zeltlager und ein Werkstattareal der SS großflächig geophysikalisch prospektiert. So ließen sich die ehemaligen Standorte von Baracken und Gebäuden im Sanitätslager, die Position der Zelte und etliche Werk-

Auf dem Luftbild des Konzentrationslagers Mauthausen erkennt man sehr gut, wie dicht das Gelände bebaut war. Die Häftlingsbaracken waren gegen Kriegsende völlig überfüllt, sodass Tausende Menschen auf engstem Raum existieren mussten.

Heute erinnern die Gedenkstätten eher an Landschaftsparks, nur wenige Baracken und Funktionsgebäude stammen noch aus der Lagerzeit in Mauthausen. Teilweise werden die Gebäude als Museen genutzt.

Ausgrabungen im Sanitäts-
lager in Mauthausen legten
den Kopfbereich einer Baracke frei. Der Eingang ist gepflastert, der Innenbereich
durch Pfostenreihen dreigeteilt. Zu sehen ist außerdem
das Fundament eines Ofens,
die damals einzige Wärme-
quelle.

stätten im nördlichen Bereich bestimmen. Hier befand sich auch ein Hinrichtungsplatz, über den aus
anderen Quellen jedoch wenig bekannt war. Auf dieser Basis können nun Ausgrabungen gezielt im Hinblick auf die archäologischen und historischen Fragestellungen durchgeführt werden.

Bei einer ersten Ausgrabung im Sommer 2009 galt
es, die Erhaltungsbedingungen und etwaige Überreste im Boden festzustellen. Der Kopf einer Baracke im
Sanitätslager wurde freigelegt. Die Baracken sind
rund 55 m lang, ca. 9,5 m breit und typisch für die
häufig in Konzentrationslagern anzutreffenden Holz-
gebäude. Grundmauern und Bruchsteinfundamen-
tierung waren noch sehr gut erhalten. In der Mitte befand sich ein sorgfältig gepflasterter Eingangsbereich.
Der Innenraum war durch Stützen dreigeteilt, weiterhin konnte das Fundament eines Ofens dokumentiert werden. Im Sanitätslager Mauthausen wurden
die Baracken also auf soliden Fundamenten errichtet.
Aus anderen Lagern sind jedoch auch Fundamentie-
rungen lediglich auf Holzpfählen belegt.

Aus Schriftdokumenten lässt sich erschließen, dass
die Amerikaner das Sanitätslager nach der Befreiung
aufgrund akuter Seuchengefahr niedergebrannt hätten. Allerdings konnten die Archäologen dafür kaum
Indizien entdecken. Zwar wurden Brandspuren nachgewiesen, doch die sind so gering, dass ein Abbren-
nen des gesamten Lagers unwahrscheinlich ist. Fotografien aus der Zeit nach der Befreiung zeigen, dass
einige Baracken fehlten, aber viele Gebäude immer

noch standen. Somit geben die schriftlichen Quellen
hier also eine Absichtserklärung wieder, die in diesem Umfang nicht ausgeführt wurde.

Schriftliche Dokumente und Zeitzeugenberichte
beschreiben die unmenschlichen Zustände. Wegen
massiver Überfüllung wurde im Herbst 1944 – ähnlich wie in vielen anderen Lagern – ein Zeltlager errichtet. Es gab keinerlei sanitäre Einrichtungen, die
Zelte hatten keinen festen Boden, die Planen bedeck-
ten nur Dach und Seitenwände, die Verpflegung war
katastrophal. Nicht zuletzt deshalb waren dort etliche
Zeugnisse der verheerenden Verhältnisse zu erwarten. Geophysikalische Prospektionen zeigten deutli-
che Anomalien in den Randbereichen der Zelte, die
wohl von den Gestängen herrühren. In den Innenbe-
reichen wurden keine Unregelmäßigkeiten gemessen.
Zunächst einmal ließen die Ausgrabungen die alte
Terrassierung erkennen. Heute ist das Areal wieder
verflacht und verschliffen; damals waren die einzelnen Terrassen durch steile Stufen voneinander getrennt. Deshalb konnte der Regen leicht in die Zelte
hineinrinnen. Die Freilegung belegt, dass die Häftlinge parallel zu den Seitenwänden kleine wiederholt
ausgebesserte Drainagegräbchen um die Zelte gegraben haben. Sicherlich wollten sie auf diese Weise ver-
suchen, das Regenwasser abzuleiten, das sonst direkt
in die Zelte geflossen wäre. In den Boden eingetreten,
lagen persönliche Gegenstände, z.B. ein Spiegel, ein
Schuh, Zahnbürsten mit ungarischen Inschriften, eine Kette und andere Habseligkeiten. Des Weiteren

konnte eine aus mehreren Brettern zusammengefügte provisorische Wand geborgen werden. Möglicherweise versuchten die Menschen auf diese Weise, in den großen Zelten Unterteilungen und somit wenigstens ein bisschen Privatsphäre zu schaffen.

Auch der Weg vom Hauptlager zum Steinbruch wurde teilweise freigelegt. Heute ist er gepflastert, allerdings sehr unregelmäßig und uneben, zudem sind die seitlichen Randbereiche mit Gras überwachsen. Es sollte untersucht werden, ob dieser Weg aus der NS- oder der Nachkriegszeit stammt. Da die Fundamentierung der des Appellplatzes entspricht, ist von einer Datierung in die späten 1930er- bzw. frühen 1940er-Jahre auszugehen. Zuunterst liegen flache Platten, darauf wurden relativ große Bruchsteine gelegt, sodass der Weg hohe Belastungen aushalten konnte. Durch die Freilegung der Seitenbereiche zeigte sich weiterhin die gesamte Breite des NS-zeitlichen

Wegs, die deutlich über das bisher Sichtbare hinausging. Außerdem war er von seitlichen Ablaufrinnen begrenzt. Die Wirkung des freigelegten Wegabschnitts weicht völlig vom bis dahin bekannten Bild ab. Er war deutlich breiter und klar begrenzt. Die nicht ausgegrabenen Bereiche sind viel schmaler und von Gras gesäumt. Zu beachten ist auch die Unregelmäßigkeit und Unebenheit der Pflastersteine. Dies ist auf fehlende Pflege in den Nachkriegsjahren zurückzuführen, die zahlreichen Witterungswechsel, warme Sommer und kalte Winter, sodass die Steine nicht mehr in ebenem Verbund liegen.

In der so genannten Aschehalde lagerten die Nationalsozialisten Asche aus den Krematoriumsöfen ab. Heute steht auf der halbrunden, von einer Hecke eingefassten Fläche mit einem Innendurchmesser von ca. 12 m ein Gedenkstein. Hinter ihm fällt das Gelände steil in einen Graben ab, der als Müllabladeplatz genutzt wurde. Zur Bestimmung von Ausmaß und Größe der Ascheniederlegungen wurden mit einem Bohrer von 10 cm Durchmesser 14 Bohrungen innerhalb und zur Kontrolle zwei außerhalb der Hecke durchgeführt. Sie wurden bis auf den gewachsenen Boden abgetieft. Die Bohrkerne wurden begutachtet, die Funde geborgen und anschließend das gesamte Material (Erde, Leichenbrand und Asche) wieder an Ort und Stelle in den Boden eingebracht. Es zeigte sich, dass wohl schon die Nationalsozialisten das Areal als Platz für die Ascheablagerungen vorbereitet und planiert haben. Neben dem Leichenbrand der Ermordeten fanden sich diverse Objekte, darunter persönliche Gegenstände der Häftlinge und Asche aus

Auf der Fotografie, die kurz nach der Befreiung vom Sanitätslager in Mauthausen gemacht wurde, fehlen einige Baracken, die wegen Seuchengefahr niedergebrannt worden waren. Bei den Ausgrabungen konnten Brandspuren dokumentiert werden, allerdings scheint – entgegen der Schriftdokumente – nicht das gesamte Lager abgebrannt worden zu sein.

In etlichen Konzentrationslagern wurden gegen Kriegsende Zeltlager errichtet, um die unzähligen Häftlinge aus den Lagern im Osten aufzunehmen. Darin waren die Überlebensbedingungen besonders katastrophal. In Mauthausen fanden sich in den Boden eingesunkene Objekte wie ein Spiegel und ein Schuh.

Die Kette bestand aus filigranen metallenen Perlen und war sicherlich ein kostbarer Besitz für einen – vielleicht – weiblichen Häftling.

anderen Öfen. Die Ascheschichten waren zum Abhang hin deutlich massiver als im vorderen Bereich. Jedoch ist damit zu rechnen, dass an diesem Platz nicht alle Asche abgelagert wurde.

Nach und nach werden alle Gebäude bauarchäologisch untersucht. Detaillierte Auswertungen liegen bereits für das Tötungsareal mit den Hinrichtungs-stätten 2 und 3, der Gaskammer, den Krematoriums-öfen, der Küche sowie Baracke 1 mit dem Lagerbordell vor. Im Lagerbordell wurden Inhaftierte aus dem Frauenkonzentrationslager Ravensbrück zur Prostitution gezwungen. Die Tür zu den kleinen Sexkabinen konnte nicht verschlossen werden, eine kleine rechteckige Luke erlaubte stete Überwachung. Eindrucks-

Der Weg zum Steinbruch in Mauthausen stammt aus der Lagerzeit, heute sind die Ränder zugewachsen. Damals war er deutlich breiter und am Rand von Rinnsteinen begleitet.

voll sind die teilweise freigelegten Bordüren sowie Wand- und Deckenfassungen, die wohl den Sexkabinen einen etwas freundlicheren Eindruck verleihen sollten. Nach dem Krieg bzw. während der frühen Gedenkstättenphase sind – wie im gesamten Lager – die Wände und Decken übermalt und so deutlich verändert worden.

Die bauarchäologischen Studien haben auch im Tötungsbereich auf noch vorhandene Spuren aufmerksam gemacht. In Mauthausen existierten nacheinander insgesamt drei Erschießungsanlagen. Die erste befand sich nördlich des Lagers und wurde später von einem Löschwasserteich überbaut. Überreste sind keine mehr vorhanden. Auch die zweite Anlage ist

durch den Einbau eines Krematoriumsofens zerstört. Von der dritten blieben Spuren auf dem Fußboden erhalten. Ein kleiner halbrunder Absatz zeigt noch immer die Position des Kugelfangs an. Die Opfer wurden an dieser Stelle von vorne erschossen, als ihnen suggeriert wurde, sie würden fotografiert werden.

Dank geophysikalischer Untersuchungen und einer detaillierten typologischen Klassifizierung der Wandfliesen im Bereich der Gaskammer und des kleinen Vorraums, von dem aus das Gas eingefüllt wurde, können verschiedene Zeitphasen differenziert werden. So besitzen die Fliesen leicht abweichende Farbnuancen, etwas abgerundete oder scharfe Kanten, und die Stempelungen auf der Unterseite geben Hinweise auf unterschiedliche Produzenten. Das Georadar zeigt das Loch, durch das Gas eingefüllt wurde. Auf einer Aufnahme von Mai 1945 sieht man dieses Loch zwischen neun ausgeschlagenen Fliesen, die sich von den umgebenden Fliesen abheben. Heute weichen 16 Fliesen in Form und Farbe von der übrigen Wand ab. Fügt man alle Indizien zusammen, ergibt sich folgendes Bild: Kurz vor der Befreiung hatten die Nationalsozialisten den Gaseinfüllapparat entfernt und das Loch mit neun neuen Fliesen zugemacht. Dann wurde den Befreiern die Stelle gezeigt und die Fliesen wieder aufgeschlagen. Dabei wurden weitere Fliesen in Mitleidenschaft gezogen und letztendlich insgesamt 16 neue eingesetzt. Das Beispiel macht deutlich, wie eine detaillierte Analyse aller Quellen minutiös Vorgänge offenlegen kann.

Die bisher geschilderten Untersuchungen in Buchenwald, Sachsenhausen und Mauthausen erfolgten in größerem Umfang. Aber auch in Esterwegen, einem der frühen Konzentrations- und späteren Strafgefangenenlager, oder in Neuengamme, Bergen-Bel-

In der Nachkriegszeit sind viele Räume übermalt worden. So lassen sich die originalen Fassungen nur durch gezieltes Freilegen der einzelnen Farbschichten erkennen. Dies gilt auch für das ehemalige Lagerbordell in Mauthausen.

Unter der gelben Farbe aus der Nachkriegszeit sieht man noch schwach die alte Deckenfassung des ehemaligen Bordells.

Auf dem Boden ist der halbrunde Abdruck des Kugelfangs der Erschießungsstätte zu erkennen.

Von einem Vorraum aus wurde das Gas in die Gaskammer geleitet. Kurz vor der Befreiung haben die Nationalsozialisten die Apparatur abmontiert und die schadhafte Stelle mit neuen Fliesen repariert. Nach der Befreiung ließen sich die Amerikaner die Stelle zeigen. Anschließend wurde sie erneut verschlossen, nun mit 16 Fliesen.

Georadarmessungen machen die Stelle des Einfüllrohrs hinter den neuen Fliesen wieder sichtbar.

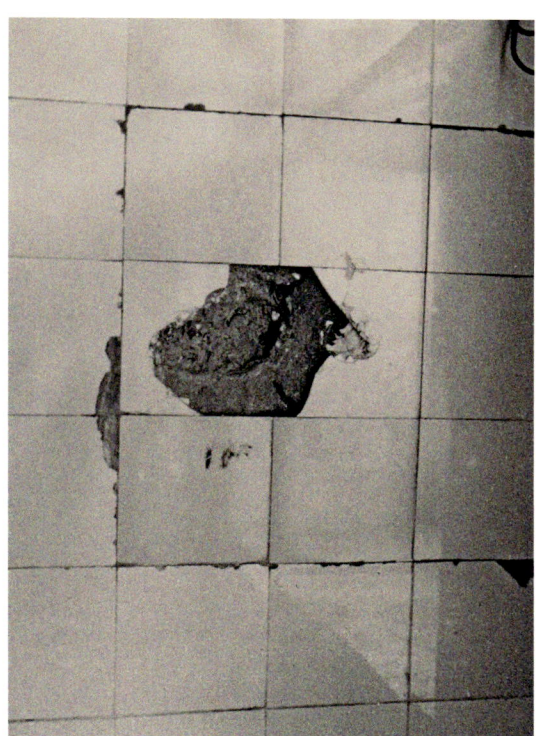

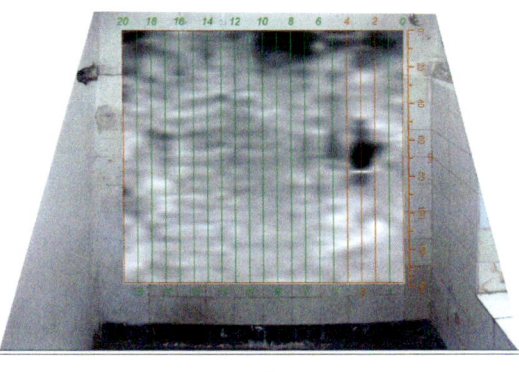

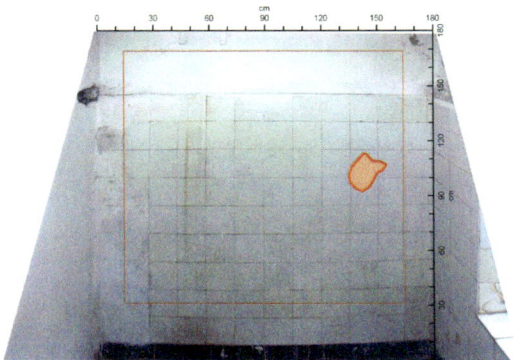

Bei genauem Hinsehen erkennt man noch heute die unterschiedlichen Fliesen. Hinter dem Quadrat von vier mal vier Fliesen befand sich das Gaseinfüllrohr.

sen, Dachau, Flossenbürg sowie im Frauenkonzentrationslager Ravensbrück gab es diverse Ausgrabungen oder geophysikalische Prospektionen. Veröffentlichungen dazu sind nicht immer leicht zugänglich, jedoch können in den Gedenkstätten vielfach die freigelegten Flächen besichtigt werden, Erklärungen finden sich auf Informationstafeln oder Modellen. Damit wird ein wesentliches Anliegen der Ausgrabungen deutlich: Barackengrundrisse, Wachtürme oder andere Punkte der Lager, die für die Erläuterung der Strukturen wichtig sind, sollen sichtbar gemacht werden. Doch auch neue Konzeptionen zur landschaftlichen Außengestaltung und musealen Präsentation in den Gedenkstätten erforderten ebenfalls bauliche und archäologische Maßnahmen. Letztere sind umso notwendiger, wenn Bereiche betroffen

Auch im ehemaligen Konzentrationslager Bergen-Belsen (Niedersachsen) wurden einige Baracken freigelegt, die nach dem Krieg abgetragen worden waren. So erhalten die Besucher einen Eindruck von Standort und Größe der Häftlingsunterkünfte.

Ein besonderer Grabungspunkt im ehemaligen Konzentrationslager Flossenbürg (Bayern) war die so genannte Todesrampe. Von hier wurden die Ermordeten durch einen Tunnel in das tiefer liegende Krematorium transportiert.

Grabungen bei den Krematoriumsöfen in Gusen (Oberösterreich), einem Außenlager von Mauthausen, waren aufgrund von Sanierungsmaßnahmen in der Gedenkstätte notwendig geworden.

sind, die bislang noch nicht zur ursprünglichen Gedenkstätte gehörten, und zunächst archäologisch geklärt werden muss, welche Relikte überhaupt noch vorhanden sind.

Zwar sind z. B. in Bergen-Belsen direkt nach dem Krieg Planungen für eine Gedenkstätte in Angriff genommen worden, die bereits wenige Jahre später auch eingeweiht wurde, jedoch unterlagen die Areale, wie oben erläutert, einer steten Veränderung bzw. einer massiven Reduzierung des historischen Bestands. In Flossenbürg in der bayerischen Oberpfalz oder Esterwegen im niedersächsischen Emsland mit den zugehörigen insgesamt 14 Emslandlagern und weiteren Außenkommandos, wo die »Moorsoldaten« das Moor urbar machen mussten, hatte es zwar kleinere Gedenkorte gegeben, der Ausbau zu umfassenden Gedenkstätten erfolgte jedoch erst in den letzten 20 Jahren. Hier war ebenfalls sehr viel abgetragen und die Flächen, ähnlich wie in Witten-Annen, anderweitig verwendet und bebaut worden. In jedem Fall ist ein massiver Verlust der nationalsozialistischen Einrichtungen festzustellen, lediglich zeitgenössische Luftbilder oder Fotografien lassen die Dichte und Enge der Bebauung erahnen. Heutige Besucher und Touristen sollen jedoch die Größe der Baracken, die Lage der Einzäunung, die Standorte der Wachtürme und andere Punkte nachempfinden. Die ausgegrabenen Grundrisse können eine Idee vom ehemaligen Lager vermitteln. So suchte man in Bergen-Belsen seit Mitte der 1990er-Jahre nach obertägigen Spuren. Insbesondere wurden die so genannten großen und kleinen Entlausungsbaracken, Häftlingsbaracken, ein Löschwasserbecken, Latrinenanlagen, Kanalisation

und Küchendepots freigelegt und für Besucher wieder sichtbar gemacht, ergänzt durch Modelle.

Eine der jüngsten Gedenkstätten direkt am Ort des ehemaligen Konzentrationslagers befindet sich in Flossenbürg. Vielfältige Nachnutzungen hatten zu großflächigen Überbauungen bzw. Überwaldungen geführt. Schon ein Jahr nach ihrer Gründung im Jahr 1999 fanden erste Ausgrabungen auf dem Gelände statt. Auch in Flossenbürg ging es zunächst um die Suche nach noch vorhandenen Relikten wie Baracken, Wegen, Umzäunungen oder Kanalisation. Neben Luftbildern und Begehungen lieferten geophysikalische Prospektionen Hinweise auf unterirdische Spuren. Wichtig war außerdem die Freilegung von Punkten, die für die Gestaltung und Erinnerungsarbeit von hoher Bedeutung waren, etwa die so genannte Totenrampe. Auf dieser Rampe wurden die Leichen in einen Tunnel gebracht, der zum Krematorium führte. Der Einstieg zur Rampe war schlecht erhalten und musste aufwendig konservatorisch bearbeitet werden. Heute ist der Befund in die Präsentation eingebunden.

Noch dichter überbaut ist das ehemalige Lagergelände in Gusen, ein Konzentrationslager dicht beim etwa gleich großen Mauthausener Hauptlager. Es gibt nur noch wenige erhaltene Baracken oder freie Flächen, auf denen Ausgrabungen überhaupt möglich wären. Zu besichtigen sind einige Grundmauern und Krematorien im Hof. Eine notwendige Konservierung der Öfen hatte denkmalpflegerische und archäologische Maßnahmen erfordert.

Die Ortschaften Gusen und Flossenburg befinden sich heute inmitten der ehemaligen Lager. Das schwie-

In der Gedenkstätte Esterwegen (Niedersachsen) wurde versucht, durch Stahl und bräunliche Schotterung die ehemaligen Lagerbereiche zu kennzeichnen. Der Befund des Turms liegt offen; die Stahlwände symbolisieren den Zaun und den Turm.

rige Erbe liegt also nicht weit entfernt oder am Rand der Ortschaften, sondern häufig auf dem eigenen Grundstück. Hier muss die Bevölkerung in die Gedenkstättengestaltung einbezogen werden, um einerseits einen würdevollen Umgang zu ermöglichen, andererseits aber auch Raum für ein Leben ohne diese stete Erinnerung zuzulassen.

Weitere Beispiele ließen sich für Dachau oder Neuengamme anführen. Noch größere denkmalpflegerische Herausforderungen betreffen die 15 Emslandlager. Zwar konzentrieren sich die Freilegungen auf Lager Nr. 7 – Esterwegen –, jedoch müssen auch die anderen Lager denkmalpflegerisch betreut werden. In Esterwegen selbst wurde als besonders wichtiges Element die Lagerstraße auf voller Länge erfasst, deren Originalzustand allerdings in den 1970er-Jahren mit Betonsteinen überdeckt wurde. Des Weiteren hat man die Umfassungsmauer, das ehemalige Torgebäude sowie Türme oder Zuführungen zu den Baracken freigelegt. Neben dem modernen Gestaltungselement Stahl, das in Esterwegen Härte und Grenzen symbolisieren soll, sowie einer bräunlichen Schotterung, mit der man Zwangsarbeit im Moor assoziiert, werden die archäologischen Befunde in so genannten Zeitfenstern präsentiert.

Rund 100 km nördlich von Berlin befand sich das so genannte Jugendschutzlager Uckermark, in dem weibliche Jugendliche gefangen gehalten wurden bzw. gegen Kriegsende zahlreiche Frauen aus Ravensbrück ermordet wurden. Ausgrabungen waren notwendig, weil eine Straße durch das Gelände geplant war. Die Befunde zeigten die genauen, zuvor nicht oder nur unpräzise bekannten Barackenstandorte und die Ausdehnung des Lagers.

Untersuchungen in den Außenlagern

Die geschilderten Arbeiten in den Hauptkonzentrationslagern werden seit einigen Jahren durch Forschungen in Neben- oder Außenlagern ergänzt. Auch hier kommen denkmalpflegerische Aspekte zum Tragen. Bauvorhaben oder der Wunsch, die ehemaligen Außenlager in die Gedenkstätten mit einzubeziehen, führen dann zu Freilegungen. Schriftliche oder bildliche Quellen hierzu sind häufig deutlich spärlicher als zu den Hauptlagern. Die rapide Zunahme von den Hauptlagern unterstellten Kommandos während des Kriegs hängt eng mit der massiven Zwangsarbeit der Häftlinge in der Rüstungsindustrie zusammen.

Eine weitere Motivation für Ausgrabungen sind Bemühungen, diese vergessenen Orte wieder in Erinnerung zu rufen. Vielfach werden die Untersuchungen mithilfe von Jugendlichen in Workcamps durchgeführt, um unter archäologischer Anleitung die Struktur vor Ort kennenzulernen. Nicht nur die baulichen Relikte vermitteln den jungen Menschen Kenntnisse über die Lager, ebenso geben die stets zahlreichen Funde Aufschluss über Täter und Opfer. Als Beispiele für archäologische Aktivitäten im Zuge von Baumaßnahmen seien die Tätigkeiten in Rathenow genannt. Im brandenburgischen Ort an der Havel war erst 1944 ein Außenlager von Sachsenhausen eröffnet worden. In den frühen 2000er-Jahren sollte dort ein Gewerbegebiet entstehen. Die Maßnahmen erforderten Ausgrabungen, um wenigstens die Überreste zu dokumentieren. Doch auch diese waren nur noch unvollständig, da zuvor große Teile unbeobachtet überbaut worden waren. Es fanden sich in Pfahlbauweise gegründete Baracken, Streifenfundamente der Waschbaracke sowie Reste der Umzäunung. Heute erinnert lediglich eine Gedenktafel an das ehemalige Lager. Oben wurde bereits auf die Zwangsarbeit im Gussstahlwerk Witten-Annen hingewiesen, in Rathenow mussten die Häftlinge in den Flugzeugwerken ARADO arbeiten.

Eine intensive Einbindung der Archäologie in die politische Bildung junger Menschen kann für Walldorf-Mörfelden (Hessen) oder Kaltenkirchen (Schleswig-Holstein) angeführt werden. Walldorf-Mörfelden, ein Außenlager des Konzentrationslagers Natzweiler-Struthof (Elsass), war nur kurzfristig belegt (August bis November 1944). Die dort inhaftierten jüdischen Gefangenen mussten an der ersten betonierten Rollbahn des Frankfurter Flughafens mitbauen. Die Untersuchungen werden im Rahmen der Gedenkarbeit mit Jugendlichen und Nachfahren der Opfer durchgeführt, in erster Linie werden Bereiche der Küchenbaracke freigelegt. Eine ähnliche Motivation liegt in Kaltenkirchen zugrunde, einem Außenlager des Konzentrationslagers Neuengamme, wo zunächst die Wasch- und Latrinenbaracke ausgegraben wurde. Teilweise müssen die engagierten Schüler, Studenten und andere Personen gegen Widerstände in den Gemeinden und Verwaltungsorganen kämpfen, und häufig ist viel Überzeugungsarbeit in der Bevölkerung notwendig, damit die Auseinandersetzung mit der eigenen Geschichte unterstützt und eventuell eine Gedenktafel oder ein Dokumentationszentrum errichtet wird.

Weitere Grabungen fanden in Gablingen (Bayern), einem Außenlager von Dachau, in Loibl Nord, einem Außenlager von Mauthausen, aber auch in Berlin auf dem alten Tempelhofer Flugfeld statt, wo sich das frühe Lager Columbiadamm sowie mehrere Zwangsarbeiterlager befanden.

Am Loiblpass südlich von Klagenfurt mussten die Häftlinge einen Tunnel durch die Karawanken bauen, der zwar nicht endgültig fertiggestellt wurde, aber dennoch beim Rückmarsch der Truppen eine große Rolle gespielt hat. Die Arbeiten wurden von beiden Portalseiten her angegangen, wo die Nationalsozialisten jeweils ein Konzentrationslager errichteten. Die archäologischen Aktivitäten am Lager Loibl-Nord auf österreichischem Gebiet waren umso notwendiger, als auf der südlichen, slowenischen Seite schon seit vielen Jahrzehnten eine Gedenkstätte besteht. Rodungen legten auf österreichischer Seite das terrassierte Gelände wieder offen. Ausgrabungen an besonders sensiblen Stellen erbrachten Nachweise des einfachen hölzernen Eingangstores und des Appellplatzes, außerdem die Überreste des Stacheldrahts, der das gesamte Lager umschlossen hatte. So ist es nun möglich, die Ausmaße des Lagers und etliche Grabungsbefunde für Besucher zu präsentieren.

Anfänge in Polen

Von zentraler Bedeutung für die polnische historische und archäologische Forschung des 20. Jahrhunderts sind die nationalsozialistischen Vernichtungslager. Schon vor über 20 Jahren hat man das Potenzial der Archäologie erkannt, zur Aufklärung beizutragen. Bełżec, Sobibór und Treblinka wurden im Zuge der so genannten Aktion Reinhardt gebaut mit dem alleinigen Ziel, Menschen jüdischen Glaubens oder auch Ro-

Viele ehemalige Außenlager sind heute völlig überbaut. In Rathenow (Brandenburg) konnten noch Strukturen dokumentiert werden. Doch heute erinnert nur eine Gedenktafel an das Lager, in dem Häftlinge zwischen 1944 und April 1945 Flugzeuge bauen mussten.

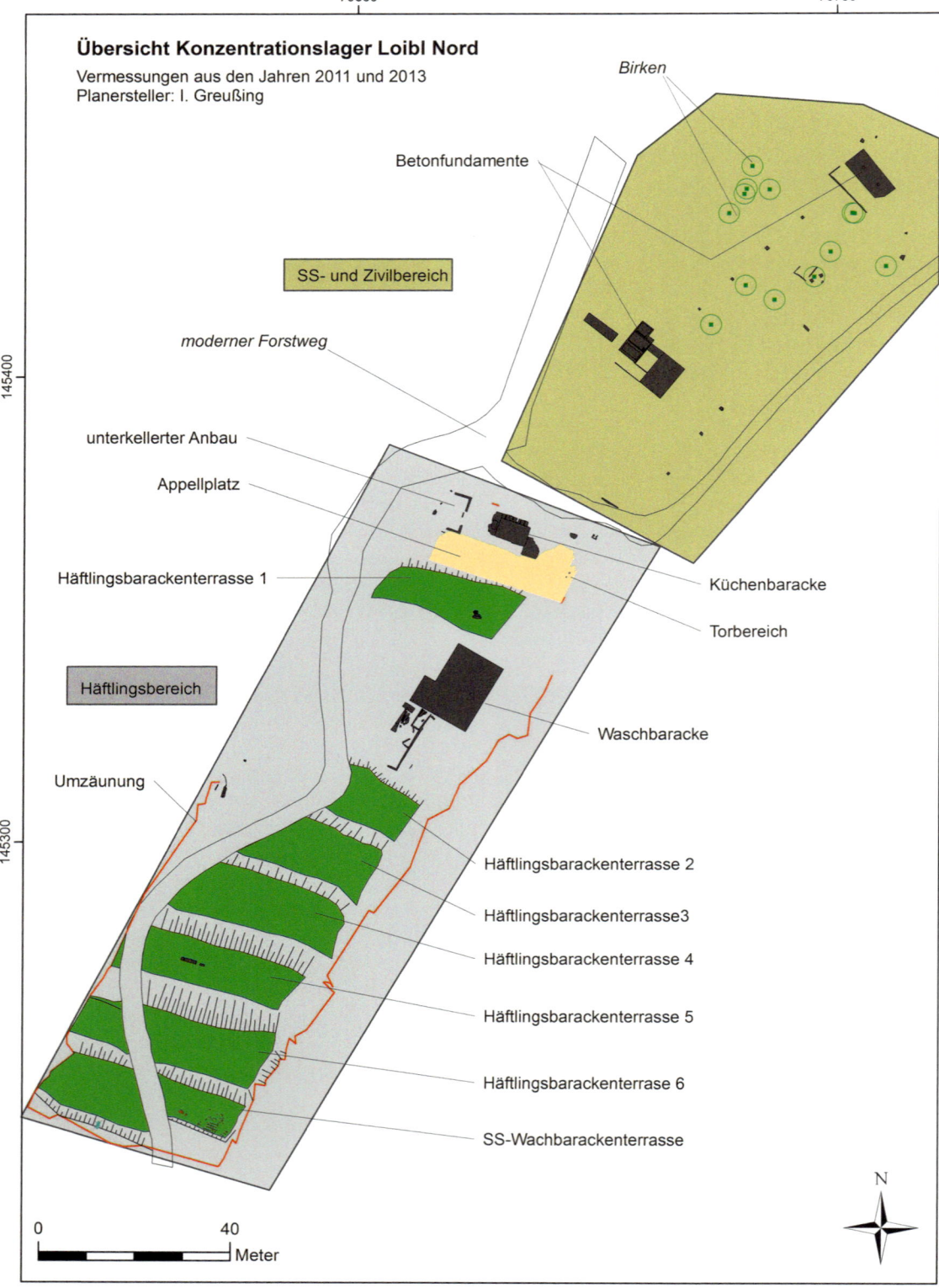

Übersicht Konzentrationslager Loibl Nord
Vermessungen aus den Jahren 2011 und 2013
Planersteller: I. Greußing

Birken

Betonfundamente

SS- und Zivilbereich

moderner Forstweg

unterkellerter Anbau

Appellplatz

Häftlingsbarackenterrasse 1

Küchenbaracke

Torbereich

Häftlingsbereich

Waschbaracke

Umzäunung

Häftlingsbarackenterrasse 2

Häftlingsbarackenterrasse3

Häftlingsbarackenterrasse 4

Häftlingsbarackenterrasse 5

Häftlingsbarackenterrase 6

SS-Wachbarackenterrasse

0   40
Meter

N

Auf dem Gelände des Außenlagers Loibl-Nord (Kärnten) an der Grenze zu Slowenien konnten zahlreiche Strukturen wie die Terrassierung der Barackenstandorte, der Appellplatz, das Eingangstor zum Lager und der Stacheldraht, der sich noch im Boden und am Waldrand fand, dokumentiert werden. Damit wurden wesentliche Elemente für die Präsentation einer Gedenkstätte erfasst.

ma systematisch zu ermorden. Die Lager unterstanden der SS. Auschwitz-Birkenau und Majdanek dagegen wurden als Konzentrationslager geführt und unterstanden der Inspektion der Konzentrationslager bzw. dem SS-Wirtschafts- und Verwaltungshauptamt. In Bełżec führte die SS erste Tötungen mit Gas durch, wobei die Menschen zunächst mit Auspuffgasen von Kraftfahrzeugen umgebracht wurden. Die Zahl der Ermordeten kann stets nur geschätzt werden. Unter den Opfern sind Menschen aus ganz Europa, jedoch stets eine überwiegende Mehrheit aus Polen, Weißrussland oder anderen Teilen der besetzten Sowjetunion.

Die Lager hatten teilweise nur recht kurze Zeit Bestand. Bełżec war lediglich neun Monate zwischen März und Dezember 1942 in Betrieb. Über 400 000 Menschen sind hier ermordet worden. Sobibór weiter nördlich an der Grenze zur damaligen Sowjetunion wurde etwa gleichzeitig gebaut. Die Angaben zu den Opferzahlen schwanken zwischen 150 000 und 250 000. In Treblinka wurden zwischen Juli 1942 und November 1943 wohl mehr als 750 000 Menschen umgebracht. Alle drei Lager wurden von den Nazis selbst aufgelöst, die Gebäude und Dokumente vernichtet und vor Ort Bauernhäuser errichtet. Die anderen Lager hat die Rote Armee im Winter 1944/45 befreit. Vor ihrer Flucht hatten die Nazis teils selbst die Tötungsorte zerstört. In Chełmno wurden schon im Dezember 1941 die ersten Menschen ermordet, insgesamt schließlich rund 300 000 Opfer. In Majdanek und Auschwitz wurden bei Ankunft der Transporte die Menschen in arbeits- und nicht arbeitsfähig unterschieden. Wer nicht kräftig genug war, wurde sofort in die Gaskammern getrieben. Im Vernichtungslager Majdanek kamen rund 80 000 Menschen um, in Auschwitz-Birkenau weit über eine Million.

Die Untersuchung der Verbrechen bzw. das Gedenken an die kaum vorstellbare Opferzahl führte in Majdanek schon im Oktober 1944, kurz nach der Befreiung durch die Rote Armee im Juli 1944, zur Errichtung einer Gedenkstätte. Auch in Auschwitz hat man bereits im Sommer 1947 eine Gedenkstätte und ein Museum eröffnet. Auschwitz steht weltweit stellvertretend für den Holocaust und hat in der Geschichte eine herausragende Bedeutung, die 1979 auch dazu geführt hat, das Areal als Welterbe der UNESCO, seit 2007 mit der Bezeichnung »Auschwitz-Birkenau. Deutsches nationalsozialistisches Konzentrations- und Vernichtungslager (1940–1945)«, anzuerkennen. Spätestens seit der politischen Wende bestand der Wunsch nach weiteren Gedenkstätten, um auch anderswo der Opfer zu gedenken. Für die Erforschung waren Archäologen unerlässlich, da an den Tatorten teilweise keinerlei sichtbare Spuren mehr vorhanden waren und es zudem in einigen Fällen nur lückenhafte Überlieferungen gibt. Frühe Ausgrabungen fanden daher in Chełmmo, Bełżec oder Sobibór statt, jüngst kamen Untersuchungen in Auschwitz dazu.

Für Bełżec oder Sobibór gibt es wie erwähnt nur relativ wenige zeitgenössische Schrift- oder Bildquellen, und die Nationalsozialisten haben nach Aufgabe der Lager letzte Spuren verwischt. Da im Prinzip alle Häftlinge ermordet wurden, fehlen Überlebende, die über die Lager berichten konnten und können. Von Bełżec z. B. existiert nicht einmal ein authentischer zeitgenössischer Plan des Lagers selbst und der verschiedenen Gebäude. Insbesondere die Lage von Gaskammer oder Massengräbern ist von großem Interesse für ein Gedenken vor Ort. Ein benachbarter Anwohner zeichnete nach dem Krieg aus seinem Gedächtnis einen Plan; einer der ganz wenigen Überlebenden entwarf einen zweiten, ebenfalls aus der Erinnerung – die Pläne stimmen nicht überein.

Daher erhoffte man sich von der Archäologie Erkenntnisse zur genauen räumlichen Ausdehnung, zu Lage und Ausmaß einzelner Gebäude, einschließlich Gaskammer und anderer zentraler Punkte. Es geht also bei diesen Untersuchungen um Grundlagenforschungen, ohne die unsere Kenntnisse zu den Lagern deutlich bescheidener wären.

In Bełżec begannen die Arbeiten 1997, in erster Linie zunächst Bohrungen auf dem gesamten Gelände, um zu klären, welche Strukturen im Boden erhalten geblieben sind. So ließen sich Überreste der Gebäude und zahlreiche Massengräber lokalisieren. Das Lager wurde während der Betriebszeit umgebaut, es gab zwei Phasen. Mehrteilige Gebäudestrukturen im zentralen Bereich deuten darauf hin, dass an dieser Stelle zunächst die Gaskammer stand; in der zweiten Phase wurde sie wohl in den nördlichen Bereich verlegt. Da allerdings nur noch die Fundamente im Boden erhalten waren und keine klaren obertägigen Hinweise und die vorliegenden Zeichnungen zudem diesbezüglich keine eindeutigen Angaben machen, ist eine sichere Zuweisung unmöglich.

Die Bohrungen wiesen insgesamt 33 Massengräber im gesamten Lagergelände nach. In den unteren Schichten fanden sich Überreste der Leichen, in den oberen Lagen Leichenbrand. Demnach wurden die Opfer zunächst in den Massengräbern niedergelegt und später dann verbrannt. Bislang war man davon ausgegangen, dass die Opfer nach der Ermordung verbrannt wurden, allerdings nicht in einem Krematorium, ein solches gab es in Bełżec nicht. Eine Ausgrabung der Massengräber oder eine Bergung der Opfer ist nicht geplant, unter anderem auch deshalb, um die nach jüdischem Gesetz geforderte Totenruhe nicht zu stören. So gab es auch bereits Diskussionen, ob die Bohrungen diese Totenruhe gestört hätten.

In Chełmno sollten Baracken und Krematorium lokalisiert und aufgedeckt, in Sobibór zunächst mit geophysikalischen Methoden die Lagerstrukturen geklärt werden. In Treblinka, das die Nationalsozialisten Ende 1943 zerstört hatten, war ebenfalls kaum mehr etwas von den Tötungsanlagen erkennbar. So stand auch hier die Frage im Vordergrund, welche Überreste von Baracken, Gaskammer oder Krematorium

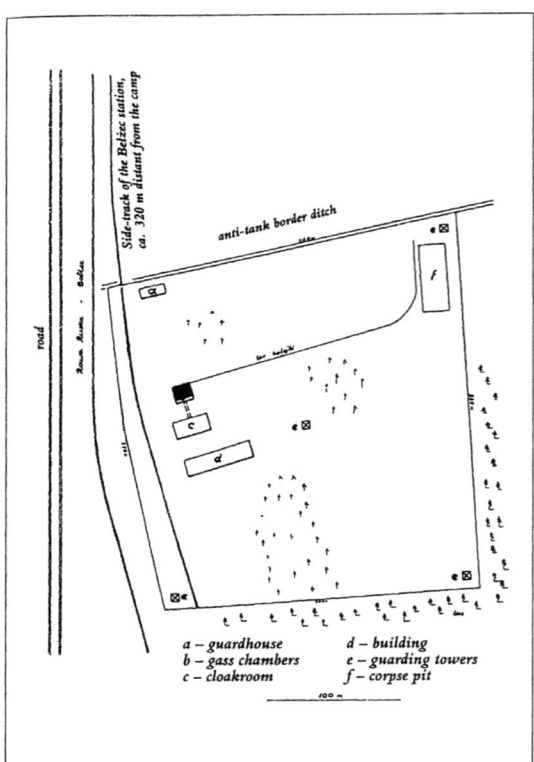

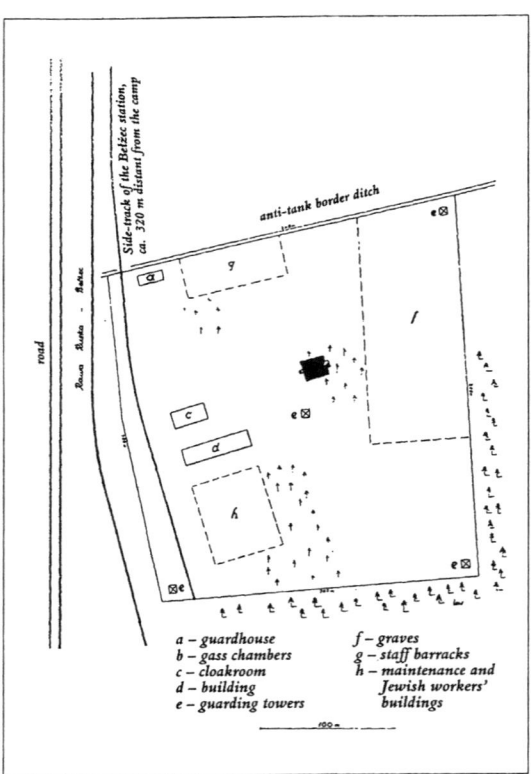

Vom Vernichtungslager Bełżec existieren lediglich zwei Pläne, die ein naher Anwohner (Sztrojt, oben) und ein Überlebender (Reader, unten) nach dem Krieg gezeichnet haben. Beide weichen deutlich voneinander ab.

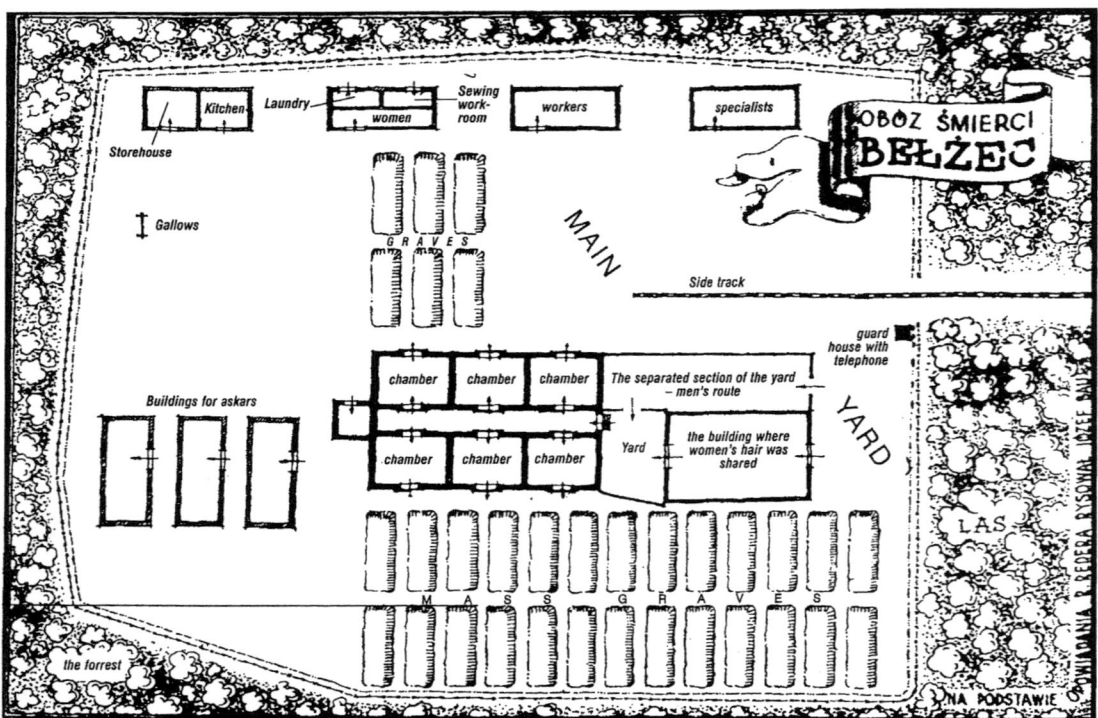

sich noch erhalten haben. Insgesamt konnten über 100 Objekte zerstörungsfrei im Boden erkannt werden, weit mehr als erwartet. Zudem hat sich gezeigt, dass die Ausmaße des kompletten Lagers deutlich größer waren als die heutige Gedenkstätte.

Mithilfe der Archäologie konnten wesentliche Strukturen aufgedeckt werden, die als wichtige Grundlage für Neukonzeptionen oder auch Neueröffnungen von Gedenkstätten dienten. Hinzu kommen zahlreiche Objekte, die sich wiederum den Opfern oder den Tätern zuweisen lassen. Ausgrabungen und Prospektionen ergänzten die spärlichen oder fehlenden Quellen und bilden nun eine solide Basis für weitere Forschungen bzw. die Ergebnisse veranschaulichen die Strukturen der Vernichtungslager, in denen so unzählig viele Menschen ermordet wurden.

Niederlande, Frankreich, Großbritannien

Eines der Hauptthemen zeitgeschichtlicher Archäologie, die Auseinandersetzung mit Relikten von NS-Lagern in ganz Europa, führte mit etwas Verzögerung auch zu Forschungen in anderen Ländern. Zu unterscheiden sind Untersuchungen in ehemaligen Konzentrationslagern und die in sonstigen Lagern, hauptsächlich für Kriegsgefangene. Konzentrationslager wurden in den Niederlanden, in den besetzten Teilen Frankreichs, auf den britischen Kanalinseln, aber auch in großer Zahl im südlichen Europa eingerichtet. Archäologische Aktivitäten fanden jedoch bisher nur in den Niederlanden, auf der Kanalinsel Alderney und in geringem Ausmaß auch in Frankreich statt. In den Niederlanden stehen besonders die Lager in Westerbork, Herzogenbusch, auch »Kamp Vught«

genannt, und Amersfoort im Fokus. Westerbork und Amersfoort waren als Durchgangslager konzipiert, von wo aus niederländische Juden in die großen Konzentrationslager verbracht wurden. Demzufolge waren die Inhaftierten in der Regel nur kurze Zeit dort. Kamp Vught war ein Konzentrationslager.

In den Niederlanden standen die archäologischen Unternehmungen wieder in Zusammenhang mit Erweiterungen der Gedenkstätten und Erkundungen vorhandener Überreste im Boden. Nicht mehr bekannt waren die Standorte verschiedener Baracken und Funktionsgebäude. Hinzu kam, wie auch an einigen deutschen Fundorten, die Dokumentation und Bergung von Müllgruben. Die Funde wurden öffentlich im Museum inventarisiert und konserviert. Diese Arbeiten erregten große Aufmerksamkeit in den Niederlanden und führten zu einer Akzeptanz der Bemühungen.

Das so genannte Konzentrationslager Sylt auf Alderney ist wenig bekannt. Es war zunächst Sachsenhausen, später Neuengamme unterstellt. Die dort inhaftierten Zwangsarbeiter mussten auf der Insel eine Fülle von Befestigungs- und Bunkeranlagen für die deutsche Wehrmacht bauen, die in Zusammenhang mit dem Atlantikwall stehen. Archäologen erfassen

Ausgrabungen in ehemaligen Konzentrationslagern stoßen häufig auf sehr großes Interesse der Bevölkerung. In Westerbork (Niederlande) wurden die geborgenen Funde in einer offenen Werkstatt restauriert.

derzeit die noch obertägig sichtbare Objekte innerhalb des Lagers, das anscheinend größer war als bislang angenommen. Aber auch die unzähligen Reste des Atlantikwalls werden dokumentiert.

Andere Tatorte des nationalsozialistischen Terrors

Euthanasieanstalt Hartheim

Sehr erfolgreich und für die folgende Präsentation vor Ort wirksam war eine Ausgrabung im oberösterreichischen Hartheim. Zwischen 1940 und 1944 hatten die Nationalsozialisten im Schloss Hartheim eine Euthanasieanstalt betrieben. Renovierungen und die Einrichtung einer Gedenkstätte machten verschiedene Grabungen erforderlich. Nach dem Krieg war Schloss Hartheim mehrfach verändert worden. Es stand also wiederum die Frage nach möglichen Überresten im

Vordergrund. Ähnlich wie anderswo gab es nicht nur Bodeneingriffe, sondern auch eine bauarchäologische Aufnahme. Bedeutende Funde der Opfer und eine große Menge verbrannter menschlicher Überreste fanden sich in einem Graben. Darin konnte eine Grube mit zahlreichen persönlichen Gegenständen der Opfer dokumentiert werden. Sie wurde en bloc geborgen und im neu gestalteten Museum präsentiert.

Aufsehen erregt hat auch die Entdeckung eines Friedhofs in Hall (Tirol), der in unmittelbarer Nähe zur Psychiatrie angelegt worden war. Derzeit wird geklärt, ob es sich bei den Verstorbenen um Opfer des NS-Euthanasieprogramms handelt. In jedem Fall aber werden die Todes- und Bestattungsumstände gründlich von Archäologen und Anthropologen untersucht.

Erschießungsanlage Hebertshausen bei Dachau

Ein weiterer Ort von Massentötungen befindet sich in Hebertshausen, nur wenige Kilometer von Dachau entfernt. Hier wurden im Herbst 1941 und im Winter 1941/42 sowjetische Kriegsgefangene erschossen, was die Ausgrabungen sehr genau dokumentieren. Zudem wurde vom Komplex jüngst ein lasergestütztes digitales Geländemodell erstellt, in dem noch klar die alten Befunde erkennbar sind: Es gab zwei parallele Wälle, am Ende eine hölzerne Wand und einen Kugelfang. Vor der Wand fanden sich bei den Grabungen noch Spuren eines Holzpflocks, an dem die Gefangenen gefesselt wurden. Dazu passt auch eine eiserne Fessel. Um diesen Befund lagen zahlreiche Splitter von menschlichen Schädelknochen, die mit Sicherheit von den erschossenen Opfern stammen.

Zwangsarbeiterlager

In Deutschland erwirkten die Zwangsarbeiterinnen und Zwangsarbeiter aus dem Zweiten Weltkrieg Ende der 1990er-Jahre, nach langem Schweigen, ein öffentliches Interesse, als massiv Entschädigungen gefordert wurden. Zeitgleich begannen auch erste archäologische Recherchen. Für die Zeit des Kriegs geht man von weit über 8 Millionen so genannten Zivilarbeitern aus, die in der Regel unter Vortäuschung falscher Tatsachen nach Deutschland gebracht und in kleinen Gruppen in der Landwirtschaft oder privaten Haushalten eingesetzt worden waren bzw. massenhaft in der Rüstungsindustrie arbeiten mussten. Gerade die Zwangsarbeiter für die großen kriegswichtigen Industrien wurden in Lagern hinter Stacheldraht eingesperrt.

Beispiele für den Berliner Raum sind Untersuchungen in Kleinmachnow und Berlin-Tempelhof oder auch das Zwangsarbeiterkrankenhaus in Mahlow. Während in Mahlow das lokale Interesse an der Ortsgeschichte zu Begehungen und Recherchen ge-

Durch Laserscans können heute digitale Höhenmodelle erstellt werden, die auch kleine Höhenunterschiede des Bodens sichtbar machen. So sind die verschiedenen Elemente der Erschießungsstelle in Hebertshausen bei Dachau (Bayern) gut zu sehen.

0 m   50 m   150 m   250 m   350 m

führt hatte, waren in Kleinmachnow wiederum Flächenwidmungen und Bebauungspläne ausschlaggebend. Es zeigte sich, dass die Nationalsozialisten die sowjetischen Zwangsarbeiter und Kriegsgefangenen deutlich schlechter untergebracht hatten als westeuropäische. Letztere waren in fest fundamentierten Baracken einquartiert, in denen es zusätzlich Waschräume und teilweise sogar Luftschutzbunker gab. Die in einem anderen Lagerbereich festgehaltenen osteuropäischen Zwangsarbeiter waren gezwungen, in Baracken mit einfachen Holzfundamenten und keinerlei Hygieneeinrichtungen zu leben. Die Inhaftierten mussten ein zentrales Waschhaus aufsuchen. Auch anhand der Funde lassen sich beide Lagerareale klar unterscheiden. Gegenstände mit kyrillischen Inschriften stammen aus den Baracken mit leichter Fundamentierung, die anderen aus den solide errichteten Behausungen.

Die Baracken auf dem ehemaligen zentralen Berliner Flughafen Tempelhof sind den Zwangsarbeiterlagern der »Weser-Flugzeugbau« und der Lufthansa zuzuordnen. In beiden Fällen wurden Fundamente sowie ein Splitterschutzgraben freigelegt und etliche persönliche Gegenstände geborgen, die z. B. Hinweise zur Herkunft der Menschen geben.

In diesem Zusammenhang sollen auch die Fabriken selbst genannt werden. So liegen im Wald bei Xanten Reste einer Luftmunitionsanstalt mit über 100 Munitions- und Zündlagerhäusern, die nach dem Krieg gesprengt worden waren. In Bayern konnte die Rüstungsfabrik Horgau dokumentiert werden.

Kriegsgefangenenlager

In jedem Krieg werden besiegte Soldaten gefangen genommen und in Lagern festgehalten. Durch die Haager Landkriegsordnung ist seit 1907, durch die Genfer Kriegsgefangenen-Konvention seit 1929 bzw. in überarbeiteter Fassung seit 1949 die Behandlung der Kriegsgefangenen mit Menschlichkeit in Bezug auf Nahrung, Unterkunft und Kleidung international vorgegeben. Lediglich Japan und die Sowjetunion haben die Genfer Konvention nicht unterzeichnet. Auch die Nationalsozialisten haben z. B. polnischen Soldaten den Kriegsgefangenenstatus nicht anerkannt, ebenso wurden sowjetische Soldaten in keiner Weise den Konventionen entsprechend behandelt.

Seit der verstärkten archäologischen Beschäftigung mit den Hinterlassenschaften von Kriegen, auch im Rahmen der so genannten Schlachtfeldarchäologie, werden Gefangenenlager ausgegraben. Dies schließt etwa auch den amerikanischen Bürgerkrieg mit ein, ein Kapitel der amerikanischen Geschichte, das bis heute nicht umfassend aufgearbeitet worden ist. Als Beispiel für ein Kriegsgefangenenlager des Ersten Weltkriegs wurde Quedlinburg vorgestellt. Aus der Zeit des Zweiten Weltkriegs gibt es weltweit extrem viele, und für die am Krieg beteiligten Staaten gehört die archäologische Erforschung der obertägig verschwundenen Relikte zur Auseinandersetzung mit der eigenen Geschichte.

Hier sei auf Unternehmungen z.B. in Norwegen, Finnland, Frankreich, in den USA oder Kanada, aber auch in Deutschland und Österreich verwiesen. In Norwegen und Finnland spielen die Untersuchungen im Zusammenhang mit der jeweiligen weltpolitischen Position der Nationen während des Zweiten Weltkriegs eine Rolle. Auch in den USA und Kanada möchte man diese vergessenen Orte wieder in das Bewusstsein der Bevölkerung rücken.

Etliche der so genannten Stalag's (Stammlager) bzw. Stalag Luft in Deutschland, Österreich oder Polen sind Ziel von Ausgrabungen oder können mittels digitaler Geländemodelle lokalisiert und denkmalpflegerisch betreut werden. Im polnischen Zagan (Stalag Luft III) fanden Archäologen auch einen der drei von Kriegsgefangenen gebauten Fluchttunnel.

Im besetzten Norwegen unterhielt das Deutsche Reich rund 500 Kriegsgefangenenlager, vornehmlich für sowjetische Häftlinge. Das SS-Strafgefangenenlager Falstad bei Trondheim ist Ausgangspunkt der Forschungen. Es wurde 1941 eingerichtet, war das zweitgrößte Kriegsgefangenenlager Norwegens und diente ab 1942 auch als Sammellager für die von dort verschleppten norwegischen Juden. Geophysikalische Prospektionen gaben zunächst Aufschluss über mögliche noch vorhandene Fundamente der ehemaligen Baracken. Wesentlich ist hier zusätzlich die umfassende Recherche zu möglichst allen Lagern, die in Bezug zum Atlantikwall gesetzt werden müssen. Da die Kriegsgefangenen zum Bau der Bunkeranlagen und zugehörigen Infrastruktur wie Straßen herangezogen wurden, sollten langfristig auch die zahllosen Denkmäler des Atlantikwalls in die Untersuchungen einbezogen werden. Aufgrund der enormen Zahl können aber nur wenige Punkte exemplarisch genauer betrachtet werden. Da es sich hauptsächlich um sowjetische Kriegsgefangene handelt, bestünde die Chance, insbesondere deren Haft- und Überlebensbedin-

gungen im Vergleich zu anderen Kriegsgefangenen in anderen Ländern zu erforschen.

In Finnland ergab eine erste Recherche knapp 100 deutsche Lager, offiziell existierte allerdings nur das Stammlager (STALAG) 309 in Salla. Doch nicht nur zu den nicht offiziellen Lagern, auch zu Salla gibt es kaum schriftliche Aufzeichnungen. Hier gilt es also zunächst einmal, die Lager mit archäologischen Methoden zu lokalisieren und Relikte zu dokumentieren. In den schwer zugänglichen und dünn besiedelten Regionen Lapplands sind die Überreste in der Nachkriegszeit nicht überbaut worden, sodass diese Arbeit vor Ort in aufwendigen Surveys machbar ist, allerdings noch in den Anfängen steckt. Eine erste Re-

Bei Ausgrabungen in Hebertshausen (Bayern) fanden sich Pfostenstellungen, an denen die Häftlinge gefesselt worden waren. Auch eine Fessel wurde entdeckt.

cherche in Peltojoki, wo neben dem Kriegsgefangenenlager auch eine Militärbasis existierte, zeigt, dass die dort inhaftierten sowjetischen Gefangenen durch ihre Unterkünfte, die sie selbst bauen mussten, ihre Kleidung und weitere Dinge des täglichen Lebens deutlich besser den klimatischen Bedingungen am Polarkreis angepasst waren als die Wehrmacht. Zudem sind die Baracken und Funktionsgebäude nicht strukturell rechteckig angeordnet, sondern eher den topografischen Gegebenheiten angepasst. Ohne die Archäologen kann eine umfassende Geschichtsschreibung der deutschen Wehrmacht und der Behandlung von Kriegsgefangenen nicht erfolgen.

In den USA und Kanada besinnt man sich auf die nun schon lange vergessenen Orte der so genannten Homefront. Auch hier gibt es die gleichen Überlegungen und Fragestellungen wie in Europa. So sind unterschiedliche Orte ausgegraben worden, dabei sicherlich hauptsächlich Lager von deutschen, aber auch japanischen Kriegsgefangenen wie in Koosika, Idaho.

Alltagsgegenstände aus ehemaligen Internierungslagern

Schon nach Befreiung der Lager oder beim Aufbau der Gedenkstätten haben ehemalige Häftlinge viele Dinge den Sammlungen übergeben bzw. zahlreiche aussagekräftige Objekte fanden sich an unterschied-

lichsten Stellen und wurden verwahrt. Außerdem kommen bei allen Grabungen stets große Mengen Kleinfunde zutage, die jedoch fragmentiert und teilweise von der Lagerung im Boden zersetzt sein können. Ihre funktionale Gliederung lässt viele Bereiche spürbar werden. Manches kann den Lagern selbst zugeordnet werden, beispielsweise Stacheldraht und Isolatoren. Unzählige Nägel, Scharniere, Türangeln, Reste von Waschbecken, Toilettenschüsseln, Schilder, Möbel und vieles mehr sind als Reste von Baracken anzusprechen. Häftlingsmarken mit Häftlingsnummern verdeutlichen zudem, dass die Inhaftierten ihrer Identität beraubt und zur Nummer degradiert wurden. Solides und haltbares Porzellan bzw. einfaches Aluminiumgeschirr und entsprechendes Besteck geben Hinweise auf die Situation von Bewachern und Gefangenen. Kämme und Zahnbürsten zeugen von den hygienischen Verhältnissen, zahllose Kleinfunde stellten einst die wenigen Habseligkeiten dar, mit denen die Menschen versucht haben zu überleben. Firmenzeichen belegen das Netz der involvierten Firmen, Individualkennzeichnungen der Häftlinge das Bestreben, minimales Eigentum zu schützen. Daneben gibt es unzählige weitere Dinge wie Folterwerkzeuge, Fotoalben der SS, Zeichnungen von Häftlingen, Fotografien, Pläne, Akten und Briefe, wertvolle Uhren und Schmuck, die konfisziert wurden, Spiele aller Art, zivile Kleidungsstücke, Häftlingskleidung, Werkzeuge oder medizinische Geräte. Solche Funde erhellen den

MARGOT
FRANK
1926–1945
ANNE
FRANK
1929–1945
נר ה' נשמת אדם
(SPRÜCHE 20,27)

Erinnerungsstein für Anne und Margot Frank, die zunächst von Westerbork nach Auschwitz deportiert wurden und im Frühjahr 1945 nach Bergen-Belsen kamen, wo sie kurz nacheinander starben. Manchmal können auch Funde den Weg der Gefangenen durch die verschiedenen Lager nachzeichnen.

Lageralltag auf einzigartige Weise und werden in den Gedenkstätten zunehmend genutzt, um Besuchern die Lebensbedingungen vor Augen zu führen.

Einige tiefere Einblicke sollen anhand eines großen Ensembles aus Sachsenhausen und Einzelstücken aus anderen Lagern vermittelt werden.

Im Vorfeld eines geplanten Museums für die Opfer des Sowjetischen Speziallagers wurden in Sachsenhausen bei geophysikalischen Prospektionen große Gruben entdeckt. Es handelt sich um eine sehr große Müllgrube, deren Inhalt mit dem Bagger ausgehoben und im Industriehof von Sachsenhausen in 13 Halden angelagert worden war. Das gesamte Material der Halden wurde gesiebt; die geborgenen Funde wogen insgesamt mehr als 5,5 t. In einer Datenbank wurden die Objekte nach funktionalen Gesichtspunkten, ähnlich wie in Buchenwald, gegliedert und erfasst (s. a. S. 50). Aufgrund der Nutzung als Sowjetisches Speziallager zwischen 1945 und 1950 stammen die Stücke nicht ausschließlich aus der Konzentrationslagerzeit. Die Kleidung umfasst etwa Gürtel, Schuhe, Knöpfe oder Handschuhe; zu den Toilettegegenständen gehören unter anderem medizinische Objekte wie Phiolen, Ampullen, Tabletten, Prothesen, medizinisches Geschirr oder Ähnliches, aber auch Hygieneartikel wie Kämme, Zahnbürsten, Rasierzeug oder Brillen.

Besonders umfassend ist die Gruppe der Haushaltsgegenstände. Hier können neben Kerzenhaltern, Blumentöpfen, Ess-, Trink- und Kochgeschirr aus unterschiedlichen Materialien auch Spielzeug, Schmuck, Rauchzubehör, Taschenmesser und viele Accessoires subsumiert werden.

Die Objekte können recht genau den Tätern oder den Opfern zugeordnet werden. Gerade die handgemachten Kämme oder kleinen Gefäße gehörten zweifelsohne den Opfern und Häftlingen. Gleiches gilt für die meisten der recht zahlreichen Aluminiumlöffel. Im Gegensatz dazu fanden sich nur sehr wenige Gabeln und Messer, die dann aber meist aus besserem Material bestanden. Messer aus Edelstahl oder gar Edelmetall mit kunstvoll eingravierten Initialen sind den Tätern zuzuordnen. Hochwertiges Geschirr, insbesondere auch jenes Porzellan mit Stempeln der Porzellanmanufakturen Hutschenreuther, Rosenthal, Bauscher, Schönwald, Eschenbach, Kaestner, Villeroy & Boch, Thomas, Kahla oder der Königlichen Porzellan-Manufaktur Berlin, belegt den Ursprungsort des von der SS verwendeten Geschirrs. Insbesondere die SS-eigene Manufaktur Bohemia in Neurohlau, heute im tschechischen Nová Role, produzierte für die in den Konzentrationslagern tätigen SS-Mannschaften. Aber auch Händler etwa in Linz gehören zu den Auslieferern des Geschirrs für das Lager Mauthausen. Zu den Stempeln kommen weitere Kennzeichnungen wie SS-Reich, Waffen-SS oder das Hakenkreuz, dazu Jahreszahlen aus der ersten Hälfte der 1940er-Jahre.

Geschirr und Besteck der Gefangenen war wesentlich ärmlicher. Schriftdokumente verzeichnen sehr viele Holzlöffel, die für Häftlinge geliefert worden seien, doch diese sind bislang unentdeckt geblieben, vermutlich, weil sich das Holz zersetzt hat. Stattdessen fand sich vielfach einfaches Blechgeschirr. Messer waren verboten, allerdings gibt es wenige Exemplare, die offensichtlich von den Häftlingen selbst aus weichem, leicht zu bearbeitendem Material wie Plastik oder Aluminium hergestellt worden sind. Ein Aluminiummesser aus Sachsenhausen ist aus dem Griff eines anderen Gegenstands gefertigt, aus dem Jugendschutzlager Uckermark stammt ein umgearbeitetes Messer, der Griff eines Löffels aus Mauthausen wurde zur Messerklinge umgearbeitet, ein Kunststoffobjekt hat eine unregelmäßig gezackte Klinge erhalten. Gabeln sind insgesamt äußerst selten, Löffel hingegen sehr zahlreich, was zusammen mit weiteren Quellen Suppe als Hauptnahrungsmittel wahrscheinlich macht. Aluminiumlöffel überwiegen, teilweise wurden selbst diese aus einfachen Materialien provisorisch hergestellt. Ein Löffel aus Sachsenhausen ist aus einem Stielfragment geformt worden. Einige Löffel weisen offensichtlich Häftlingsnummern oder andere Einritzungen auf, die wohl Besitz markieren sollten. Auch in viele andere Objekte, insbesondere Aluminium, sind Namen eingeritzt. Die Kennzeich-

nungen können heute helfen, den Häftlingen wieder eine Identität zu geben. In einigen Fällen wissen zudem die Hinterbliebenen dann ein wenig mehr über das Schicksal ihrer Angehörigen. Die Funde können auch Hinweise auf die vielen Transporte und Verlegungen geben, die die Gefangenen erdulden mussten. Anne Frank wurde z. B. von Westerbork aus nach Auschwitz transportiert und im Frühjahr 1945 wieder nach Westen, nach Bergen-Belsen geschafft, wo sie an Entkräftung und Krankheit verstarb.

Aber auch die vielen Namensritzungen lassen sich Häftlingen zuordnen, die beispielsweise zunächst in Flossenbürg inhaftiert und dann nach Mauthausen verschleppt wurden, wo sie umkamen. Somit ist mithilfe der Objekte auch der Leidensweg nachzuvollziehen.

Es wurde bereits kurz erwähnt, dass Firmen der näheren Umgebung regelmäßig die Lager belieferten. In Sachsenhausen und im Lager Uckermark fanden sich Schamottesteine mit der Kennzeichnung »Schamottewerke Colditz«, einer Firma aus dem Raum Leipzig-Dresden. Zahlreiche Bierflaschen tragen die Aufschrift »August Wiegand Oranienburg unverkäuflich« oder »Hansa-Brauerei Stendal unverkäuflich«. Dies veranschaulicht, dass nahe Lieferanten die SS mit Bier versorgten, aber auch, dass dieses Bier nicht für den freien Handel, sondern exklusiv für die Lager produziert wurde.

In den Lagern gibt es auch immer wieder Funde, die mit der Befreiung in Zusammenhang stehen. Seien es US-amerikanische Erkennungsmarken, Schuhcreme mit englischer Firmenkennung oder an-

Häufig haben die Häftlinge ihr kärgliches Eigentum namentlich gekennzeichnet, so auch Nikolaj Maksimowitsch und der Franzose Guy Pinardon, der in Flossenbürg inhaftiert war. Sein Sohn hat den Namen des Vaters in der Gedenkstätte Flossenbürg erkannt und so noch ein Objekt in Händen halten können, das seinem ermordeten Vater gehörte.

Noch gefüllte Ampullen und anderer medizinischer Bedarf gehören zu den üblichen Funden. Diese Stücke stammen aus Sachsenhausen.

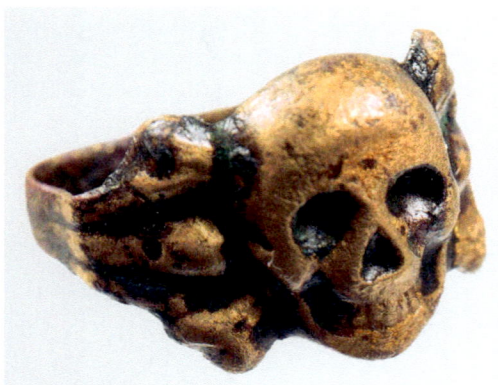

Inschriften geben Hinweise auf die Herkunft der Häftlinge. Im nur wenige Wochen existierenden Lager Gunskirchen bei Wels (Oberösterreich) waren in erster Linie ungarische Juden inhaftiert. So finden sich dort besonders viele Objekte mit ungarischer Aufschrift, darunter auch Schmerztabletten.

Die Aufschrift »Pörzbrauerei Rudolstadt« zeigt, dass aus dem lokalen Umfeld des Konzentrationslagers Buchenwald das dort tätige SS-Lagerpersonal mit Bier versorgt wurde.

Ebenfalls zu den Getränken der Bewacher zählte Fanta, die in dieser Flaschenform seit 1940 auf dem Markt war und als Ersatz für Cola im Deutschen Reich eingeführt wurde.

Der Messingring mit Totenkopf und gekreuzten Gebeinen gehörte einem SS-Angehörigen, also einem Bewacher in Buchenwald.

Dass auch Kinder zu den Gefangenen gehört haben, belegt auch dieser rote Kinderschuh.

Trotz allem gab es in den Lagern manchmal ein klein wenig freie Zeit. Selbstgefertigte Dominosteine – hier aus einem Schild gefertigt – vermitteln einen Eindruck von den Spielen.

Selten finden sich materielle Zeugnisse des Glaubens. In Buchenwald lag in einer Müllhalde dieser Davidstern.

Erkennungsmarken US-amerikanischer Soldaten aus einer Abfallgrube des ehemaligen Lilienthal-Zwangsarbeiterlagers in Berlin-Tempelhof. Die eingeprägten Informationen belegen eine Datierung in die Zeit der Befreiung.

dere Alltagsgegenstände, die die alliierten Truppen mit sich führten und vor Ort beließen. Diese Dinge sind Anzeiger für das Ende des Kriegs und der NS-Herrschaft.

Die differenzierte Auswertung von Objekten aller Art birgt also eine Vielzahl von Informationen. Es ist evident, dass in den Artefakten die Geschichte der Ereignisse eingeschrieben ist und die Bedeutung für die Besitzer während des Gebrauchs analysiert werden kann; sie sind Symbole für Strukturen der Zeit. Auch die Funde der Konzentrationslager. Die Objekte – ob es die Gebäude der SS, Lagermauern oder Häftlings-

baracken sind, ob es das Ess- und Trinkgeschirr der Bewacher oder der Bewachten ist oder sämtliche andere Funde – sie alle tragen die Geschichte in sich. Sie werden für uns zu Symbolen der Strukturen und Ereignisse des Terrors. Teilweise sind es Funde der Häftlinge und damit werden deren Machtlosigkeit, Unterdrückung und Demütigung, evtl. auch Selbstbehauptung dokumentiert. Es finden sich aber auch zahlreiche Gegenstände, die mit den Tätern verbunden werden müssen und die damit als Objekte der Macht anzusprechen sind. Am Ende zeigen die Funde der Alliierten, dass die Lager vom NS-Regime befreit worden sind.

Bunker und Flaktürme

Die Nationalsozialisten haben große Anstrengungen unternommen, um eine mögliche Invasion der Westalliierten mit Bunkeranlagen, Panzersperren, Gräben und Stollen zu verhindern. Große mediale Aufmerksamkeit erlangte die Auffindung einiger Bunkeranlagen in Berlin wie z.B. der Fahrerbunker mit verschiedenen Wandmalereien der SS-Leibstandarte. Solche einzelnen Bunker stehen umfangreichen Verteidigungslinien gegenüber. Der vornehmlich zwischen 1938 und 1940 gebaute rund 630 km lange Westwall zwischen Kleve an der deutsch-niederländischen Grenze am Niederrhein und Grenzach-Wyhlen an der deutsch-schweizerischen Grenze, aber auch der zwischen Herbst 1942 und 1944 errichtete über 2600 km lange Atlantikwall, der vom Nordkap in Norwegen über die Küsten von Dänemark, der Niederlande, Belgien und Frankreich verläuft, zeugen von einer gewaltigen Baumaßnahme aus Millionen Tonnen Beton. Zahllose Zwangsarbeiter, Konzentrationslagerhäftlinge und Kriegsgefangene wurden dafür herangezogen. Der tatsächliche militärische Nutzen war jedoch gering, und die Invasion der Amerikaner erfolgte weder in Norwegen noch an der schmalsten Stelle des Ärmelkanals, sondern weiter südlich in der Normandie am 6. Juni 1944. Zudem konnte die deutsche Wehrmacht an dieser Stelle den insgesamt viel zu wenig in die Tiefe gebauten Atlantikwall lediglich einen Tag lang halten. Weiter im Hinterland gab es kaum noch entsprechende Verteidigungsanlagen, und Paris, das erste Ziel der Westalliierten, wurde am 25. August übergeben. In dieser Zeit kam dem Westwall wieder Bedeutung zu, als dort im Herbst 1944 beim weiteren Vormarsch neue Kämpfe stattfanden.

Die einzelnen Stellungen sind unterschiedlich gut erhalten. Auch aufgrund der verschiedenen Bauphasen lässt sich nur bedingt von einem geschlossenen

oder Museum. Während in der Nachkriegszeit grundsätzlich alle nationalsozialistischen Symbole rasch entfernt worden sind, wurde bei der Vielzahl der Bauten am Westwall doch noch das ein oder andere Hakenkreuz übersehen.

Die genannten europäischen Länder gehen unterschiedlich mit diesem Denkmal um. In Anbetracht der großen Zahl an Einzeldenkmälern stellt sich für die Bodendenkmalpflege zudem die Frage, wie viele und welche Anlagen erhaltenswert sind und welche nach der Ausgrabung und Dokumentation für immer zerstört werden. Dies gilt nicht nur für Bunker, sondern auch für die bis zu fünfzügigen Panzersperren bzw. Höckerlinien. Meist überwiegt die Tendenz, die Überreste nach genauer Erhebung unter Denkmalschutz zu stellen.

Die Bauten waren standardisiert und nur wenigen Variationen unterworfen. Die so genannten Regelbauten wurden nach Größe und Stärke der Wände und Decken unterschieden. Ausgrabungen fanden z. B. in Pachten bei Dillingen (Saarland), in Elmpt bei Niederkrüchten, in Kahlenbusch bei Metternich (beide Nordrhein-Westfalen) oder in der Korker Waldstellung (Baden-Württemberg) statt.

Bunkeranlagen sind auch in den Städten zum Schutz der Bevölkerung errichtet worden, zudem Hochbunker etwa in Mannheim-Käfertal oder Emden. Die Flaktürme in Hamburg, Berlin, Wien oder auf der Insel Helgoland zählen zu den Bauten, die nach dem Zweiten Weltkrieg nicht gesprengt oder ab-

Konzept sprechen. Die massiven Bunker bestehen aus bis zu 3,5 m dickem Beton, sodass entlang der genannten Linien noch etliche Anlagen existieren. Viele Bunker oder Panzersperren wurden jedoch auch mühsam abgetragen und zerstört, um neuen Baumaßnahmen Platz zu machen. Andere sind von der Vegetation weitgehend überwuchert und kaum mehr im Gelände zu erkennen. Einige sind wieder freigelegt worden und dienen als Dokumentationszentrum

Am Westwall wurden zahlreiche Bunker errichtet, die teilweise noch im Gelände, wenn auch überwachsen, zu finden sind. An einem Bunker wurde das Hakenkreuz nicht wie sonst üblich nach dem Krieg entfernt.

Zu den Verteidigungssystemen am Westwall gehören auch mehrzeilige Höckerlinien, die Panzer aufhalten sollten.

In Hamburg, Berlin und Wien wurden Flaktürme für die Luftabwehr der Großstädte errichtet. Einige wurden nach dem Krieg gesprengt, andere erfuhren sehr unterschiedliche Nachnutzungen. Einer der Leittürme steht noch im Arenbergpark in Wien.

Bei bauarchäologischen Forschungen im Leitturm im Wiener Arenbergpark konnten zahlreiche Graffiti dokumentiert werden. Ein französischer Zwangsarbeiter hat mit dem Leitspruch »Vive la France« seinem Patriotismus Ausdruck verliehen.

getragen wurden, sondern in unterschiedlichem Ausmaß erhalten oder umgebaut sind und heute gänzlich andere Funktionen erfüllen. Flaktürme bestanden aus einem Gefechtsturm mit Flakgeschützen und einem Feuerleitturm mit Ortungsgeräten, die nach festgelegten Plänen auch von Zwangsarbeitern gebaut wurden. Von den Nationalsozialisten war geplant, die schmucklosen Gebäude nach dem Krieg mit prachtvollen Fassaden zu versehen. Lediglich in Berlin wurden die drei Stellungen im Tiergarten, im Volkspark Friedrichshain und im Humboldthain mehr oder weniger erfolgreich gesprengt, jedenfalls liegen im Friedrichs- und Humboldthain noch Überreste. In Hamburg sind zwei Gefechtstürme massiv umgestaltet worden und dienen nun als Medien- bzw. als Energiezentrum. In Wien sind alle drei erhalten und werden ebenfalls anderweitig genutzt. Auch wenn sich die Arbeiten oft mühselig gestalten, da der Zugang schwierig ist oder umfassende Umbauten und Nachnutzungen die nationalsozialistischen Spuren verdecken, konnten dennoch Untersuchungen stattfinden, v. a. Bauforschungen.

Ein Projekt am Leitturm im Wiener Arenbergpark umfasst archäologische Arbeiten am Bau selbst, aber auch Pläne, Schriftdokumente und Zeitzeugenberichte werden hinzugezogen. Der Turm hat insgesamt neun

Stockwerke, lediglich im Erdgeschoss gab es nachkriegszeitliche Einbauten. Es wurde ein Raumbuch erstellt und die erhobenen Befunde mit zeitgenössischen Bauplänen verglichen. In zahlreichen Details ist die Bauausführung von den Planvorgaben abgewichen. Zusätzlich wurden Beschriftungen aller Art, seien es offizielle Beschilderungen, Graffiti oder Zeichnungen, dokumentiert. Weiterhin fand sich eine Vielzahl von schriftlichen Dokumenten und Kleinfunden, die allerdings schon zu einem früheren Zeitpunkt sekundär an bestimmten Stellen zusammengetragen worden waren. Zahlreiche Funde aus dem Sanitätsbereich in einer ungestörten Lage lassen sich so deuten, dass Raum 1 im fünften Obergeschoss u. a. von Sanitätern genutzt wurde. Zudem wurden Militaria, Kleidungsreste, Möbel und Lampen, Büromaterial, Rauchwaren, Spiele oder Dosen aller Art entdeckt.

Viele der über 170 Graffiti können mit Zwangsarbeitern in Verbindung gebracht werden. Sehr häufig sind Namen, Initialen oder Datumsangaben zwischen Herbst 1944 und Frühjahr 1945. Demnach stammten die Menschen aus Italien, Frankreich, Tschechien, der Ukraine, Serbien, aber wohl auch sowjetische Kriegsgefangene waren dabei. Entsprechend der Beschriftungen in den jeweiligen Sprachen lassen sich etliche Funde diesen Zwangsarbeitern zuordnen.

Über 800 Schriftquellen spiegeln den Alltag der Soldaten auf dem Flakturm wider, dazu gehören persönliche Feldpostbriefe, Fotografien, Kalender oder Zeitungen. Letztere gewähren Einblick in die Propaganda der Zeit.

Schlachtfelder

Seit einigen Jahren werden Schlachtfelder intensiv untersucht. Das Spektrum reicht von prähistorischen Kampfplätzen bis zu den Kriegsorten des 20. Jahrhunderts. Während die bereits beschriebenen Lager und andere an feste Orte gebundene Befunde zumindest über einige Jahre existierten, können sich auf Schlachtfeldern auch sehr kurzfristige Ereignisse abgespielt haben, deren Überbleibsel möglicherweise über ein sehr großes Areal streuen. Vielfach lassen sich daher nur kleine Ausschnitte eines größeren Bereichs näher betrachten. Eine systematische Begehung mit Metalldetektoren und exakter Einmessung der Objekte kann Truppenbewegungen und Schlachtverläufe anzeigen. Doch dieser Methode sind bei Kriegen des 20. Jahrhunderts Grenzen gesetzt, denn die fortlaufenden Weiterentwicklungen in der Kriegsindustrie bedingen auch eine veränderte Spurenlage im Boden.

Fundorte des Zweiten Weltkriegs stehen in erster Linie mit dem Kampf um Berlin und den letzten Schlachten im Frühjahr 1945 in Verbindung. Aber auch die ersten Kämpfe der Alliierten am D-Day (6. Juni 1944) in Pointe-du-Hoc (Normandie) bzw. auf ihrem weiteren Vormarsch von Frankreich an den Rhein und weiter in Richtung Berlin werden untersucht. Hinzu kommen Schlachtfelder aus der Frühphase des Kriegs, als z. B. die Niederlande die deutschen Truppen in Grebbeberg bei Rhenen aufzuhalten versuchten. Bei Ausgrabungen 2008 konnten Kasematten, Laufgräben, Panzersperren und Verbindungsgräben freigelegt werden. Telefonleitungen in den Gräben belegen eine militärische Infrastruktur, die vorher unbekannt gewesen war, ebenso die Tatsache, dass Panzersperren errichtet worden waren.

Der westalliierte Vormarsch im Rheinland lässt sich durch Grabungen im Hürtgenwald dokumentieren, wo sich ebenfalls zahlreiche Überreste des Westwalls befinden. Stellungen und Militaria beider Kampfparteien wurden entdeckt. Im brandenburgischen Klein Görigk stieß man außerdem auf getötete Soldaten deutscher und sowjetischer Truppen.

Hinzu kommen Absturzstellen von Flugzeugen auf der ganzen Welt, sogar in Neufundland, auf dem Meeresgrund oder hoch in den Alpen. Insbesondere wenn noch die sterblichen Überreste der Besatzung vor Ort vermutet werden, sind die Unglücksstellen Ziel von Ausgrabungen, um die Identität der Leichen festzustellen und sie in die Heimat zu überführen.

Ein tragisches Schlusskapitel des Zweiten Weltkriegs und auch schon eine Überleitung zur Nachkriegszeit und dem Kalten Krieg offenbart sich in Osttirol zwischen Oberdrauburg und Lienz. Hier lagerten seit Ende April 1945 rund 25 000 Kosaken, die sich mit der Wehrmacht auf dem Rückzug von Italien in englische Gefangenschaft begeben hatten. Entsprechend des Vertrags von Jalta, wonach Sowjetbürger zurückzuführen seien, wurden sie an die Sowjetunion ausgeliefert, doch dort galten sie als nationalsozialistische Kollaborateure. Zahlreiche Kosaken versuchten zu fliehen oder begingen Selbstmord, viele starben noch im gleichen Sommer. Auch dieses Ereignis ist lange totgeschwiegen worden. Mithilfe der Archäologie und weiterer historischer Forschungen kann nun durch schriftliche Dokumente, Zeitzeugenberichte und materielle Relikte an die Tragödie erinnert werden.

Abfallgruben spiegeln die drohende Niederlage oder auch die unmittelbare Nachkriegszeit wider. So verbargen die Nationalsozialisten z. B. in Stade die Mitgliederkartei der NSDAP oder entsorgten einen symbolisch durch »Kopfschuss« getöteten bronzenen Hitlerkopf in Halberstadt. »Entartete Kunst« fand sich in einem Haus neben dem Berliner Rathaus. US-Trup-

In Berlin stehen noch zahlreiche Relikte aus der NS-Zeit. Dazu zählt auch der Großbelastungskörper, mit dem Albert Speer die Stabilität des Berliner Untergrunds für die Großbauvorhaben der geplanten »Reichshauptstadt Germania« testen wollte.

pen haben in Augsburg Büros der örtlichen Gauleitung entrümpelt, das Inventar teilweise verbrannt und gemeinsam mit Objekten, die eindeutig den Amerikanern zuzuweisen sind, in einer Grube beseitigt. Ähnliches gilt für Landau an der Isar: Wieder geben Coca-Cola-Flaschen einen klaren Hinweis auf US-Truppen als Verfüller der Grube.

Ruinen nationalsozialistischer Bautätigkeiten

Viele nationalsozialistische Bauten sind noch in ganz Europa erhalten, insbesondere in Berlin, München, Nürnberg oder Wien, und werden zu unterschiedlichen Zwecken genutzt. Zu den bekannten Beispielen gehören in Berlin der alte Flughafen Tempelhof, das Olympiastadion, das Finanzministerium (ehemals Reichsluftfahrtministerium), der Altbau des Außenministeriums (ehemals Reichsbank), aber auch das Olympiadorf westlich der Stadt oder der Großbelastungskörper, der für eine Untergrundüberprüfung für die von A. Speer geplanten Großbauten in Berlin diente. Das nie fertiggestellte Seebad Prora auf Rügen

sollte bis zu 20 000 »Kraft durch Freude«-Urlauber beherbergen. In Oranienburg nutzt das Finanzamt das so genannte T-Gebäude von Sachsenhausen, in dem die Inspektion der Konzentrationslager seit 1938 untergebracht war. Im ehemaligen NSDAP-Führerbau befindet sich die Münchner Hochschule für Musik und Theater, in Nürnberg liegt das große Areal des Reichsparteitagsgeländes mit der Zeppelintribüne. Die Liste ließe sich verlängern. In der Regel befinden sich innerhalb der Gebäude Dokumentationszentren, die über den Ort und seine Geschichte aufklären. Andere Bauten wurden noch während des Kriegs bombardiert und danach teilweise abgerissen. In Bayern zählt dazu ein Zentrum des nationalsozialistischen Machtapparats, der Obersalzberg mit Hitlers Berghof und anderen Villen hochrangiger NS-Politiker, oder das Braune Haus in München. Auf den Ruinen entstehen Lern- und Erinnerungsorte, die Areale werden denkmalpflegerisch betreut. Gleiches gilt für weniger bekannte Bauruinen, wie die alte, nie fertiggestellte Autobahn im Spessart (Strecke 46) oder etliche Thingstätten, in denen jahreszeitliche Feiern oder Festveranstaltungen mit scheinbar germani-

schem Hintergrund abgehalten werden sollten. Dazu gehören die Waldbühne in Berlin, die Freilichtbühne Loreley bei St. Goarshausen, das Kalkbergstadion in Bad Segeberg für die Karl-May-Festspiele oder unbekanntere bzw. heute nicht mehr genutzte Arenen in Passau oder Eichstätt, die mittels digitaler Geländemodelle wieder sichtbar wurden. Die Relikte der NS-Zeit sind also noch an vielen Orten in Deutschland und Europa erhalten, auch wenn wir sie nicht unbedingt immer als solche erkennen.

Vielerorts in Deutschland und Europa findet man noch Überreste von nationalsozialistischen Bauten, so auch Teile der ersten Autobahnen wie die Brückenpfeiler über die fränkische Saale in Bayern.

Der Kalte Krieg

Das Kriegsende im Mai 1945 bzw. die Befreiung vom menschenverachtenden System der nationalsozialistischen Gewaltherrschaft, wie es 1985 der damalige deutsche Bundespräsident Richard von Weizsäcker formuliert hat, brachte in weiten Teilen Europas nachhaltig Frieden. Es führte aber auch zu einer fast 45-jährigen Teilung Berlins, Deutschlands und Europas. Der Kalte Krieg ist eine direkte Auswirkung des Zweiten Weltkriegs. Dementsprechend sind viele Relikte in dieser Weise zu verstehen, insbesondere das Sinnbild der Zeit, die reale Grenze zwischen West- und Ostblock, der so genannte Eiserne Vorhang, der Europa für Jahrzehnte in zwei Hälften teilte. Ideologisch und real verdichtet stand dieses Symbol in Berlin. Die Berliner Mauer bzw. ein mehrfach ausgebauter, verbreiteter und unüberwindbarer Grenzstreifen spaltete die Stadt für die Dauer des Kalten Kriegs. Ideologisch verhärtet und als Systemkonfrontation zwischen Kapitalismus und Sozialismus/Kommunismus versuchten die beiden großen Blöcke, ihre jeweilige Einflusssphäre zu erweitern, und bauten durch massive Aufrüstungen Drohkulissen auf. Mit Öffnung der Grenzen 1989 und Erweiterung der Europäischen Union in den 1990er-Jahren fand diese Phase ein Ende.

Im Frühjahr 1989 begann Ungarn, die Grenzanlagen auf seiner Seite abzubauen. Am 27. Juni durchschnitten der ungarische und der österreichische Außenminister vor der Presse gemeinsam bei Sopron am Neusiedler See den Grenzzaun zwischen beiden Ländern und ermöglichten damit zahllosen Bewohnern der ehemaligen Ostblockstaaten die Flucht in den

Der ungarische Außenminister Gyula Horn und sein österreichischer Amtskollege Alois Mock durchschneiden am 27. Juni 1989 den Grenzzaun bei Sopron am Neusiedler See, nachdem schon in den Monaten zuvor die Grenzanlagen demontiert worden waren.

Westen. Mit dem Fall der Mauer in Berlin am 9. November 1989 und den folgenden weitreichenden politischen Veränderungen in vielen Staaten der Welt war der Kalte Krieg beendet.

Seit nun schon 25 Jahren haben wir diese Phase überwunden, und die Generation der unter 30-Jährigen ist im geeinten Europa aufgewachsen. Für diese jungen Menschen sind die Katastrophen beider Weltkriege und der Kalte Krieg schon Teil einer faktisch weit zurückliegenden Vergangenheit, höchstens durch Großeltern oder Eltern werden Erlebnisberichte aus Kriegs- und Nachkriegszeit tradiert. So gehören selbst diese Zeitabschnitte zu einer Geschichte, die in Schulen oder Universitäten unterrichtet werden muss, wobei neben Schriftdokumenten oder zeitgenössischen Bildern auch archäologische Objekte herangezogen werden können.

Archäologische Untersuchungen, die eindeutig auf den Kalten Krieg bezogen sind, betreffen hauptsächlich sowjetische Lager oder die Berliner Mauer. Nur an wenigen Punkten im deutschsprachigen Raum werden auch andere Fundplätze dieser Epoche erforscht. Ein außereuropäisches Beispiel sind Atomversuchsanlagen in der Wüste von Nevada.

Ehemalige Sowjetische Speziallager

Bei einigen Ausgrabungen in ehemaligen Konzentrationslagern, die lückenlos alle Schichten erfassen sollen, wird die Zeit des Kalten Kriegs automatisch mit berücksichtigt. In den alliierten Besatzungszonen wurden direkt nach Kriegsende Lager vornehmlich für Kriegsverbrecher bzw. potenziell gefährliche Na-

tionalsozialisten oder Funktionsträger eingerichtet. Die sowjetische Militäradministration nutzte dafür auch die ehemaligen Konzentrationslager Sachsenhausen und Buchenwald bzw. Jamlitz, ein Außenlager von Sachsenhausen südwestlich von Frankfurt (Oder) in Brandenburg, als so genannte Speziallager. Diese unterstanden zunächst der sowjetischen Militäradministration bzw. ab Sommer 1948 der Hauptverwaltung der Lager des sowjetischen Innenministeriums. Insgesamt existierten in der sowjetischen Besatzungszone zehn solcher Einrichtungen. Buchenwald, das als Speziallager Nr. 2 geführt wurde, bestand von August 1945 bis Februar 1950. Speziallager Nr. 7 (ab Sommer 1948 als Nr. 1) – Sachsenhausen – wurde ebenfalls im August 1945 eingerichtet, etwas länger betrieben und schließlich im März 1950 geschlossen. In Sachsenhausen waren rund 60 000, in Buchenwald etwa 28 000 Menschen inhaftiert. Keineswegs waren darunter ausschließlich Nationalsozialisten, sondern besonders ab 1948 auch zahlreiche andere Personen, die der Vergehen gegen die Besatzungsmacht beschuldigt wurden und Denunziationen zum Opfer fielen. Es gab keine offiziellen Anklageverfahren und Schuldfeststellungen, Angehörige wurden in der Regel nicht benachrichtigt.

Für das Sowjetische Speziallager in Sachsenhausen wurden das zentrale Lagerdreieck und angrenzende nordöstliche Bereiche sowie der westlich gelegene Industriehof verwendet. Wachmannschaften und Lagerleitung nutzten die Bereiche vor der Basis des Lagerdreiecks. Etwa 60 Baracken dienten weiterhin als Häftlingsunterkünfte, ebenso behielten Küche, Wäscherei und Lagergefängnis ihre Funktion, hinzu kamen etliche Baracken für Lazarette.

Einige Konzentrationslager, so auch Sachsenhausen, wurden ab Sommer 1945 als Sowjetische Speziallager genutzt. Neben Kriegsverbrechern wurden auch Menschen inhaftiert, die der Vergehen gegen die Besatzungsmacht beschuldigt wurden. Später wurden Teile des Lagers von der NVA genutzt; zwischen 1961 und 1990 war es eine Nationale Mahn- und Gedenkstätte der DDR. Die massiven Veränderungen, der Abriss vieler Baracken und die Errichtung eines Obelisken und der Plastik »Befreiung« (im Hintergrund) beziehen sich auf das Gedenkstättenkonzept der DDR. Nach Ende des Kalten Kriegs wurden einige der Eingriffe wieder zurückgenommen. Hier geht der Blick vom Turm A zum Obelisken über den Appellplatz und die Standorte der Häftlingsbaracken.

Rund 5,5 t Abfall waren in Sachsenhausen in einer großen Müllgrube nördlich des Lagerdreiecks deponiert.

Im Gegensatz zu den Konzentrationslagern wurden die Häftlinge nicht zur Zwangsarbeit herangezogen. Sehr viele Zeitzeugenberichte beziehen sich auf das zermürbende Nichtstun, auf Tatenlosigkeit. Zusätzlich führten schlechte medizinische Versorgung, häufige Erkrankungen, zu geringe Essensrationen und andere Repressalien zu hoher Sterblichkeit. Erst seit 1948 waren z. B. Brettspiele und ähnliche Aktivitäten erlaubt. Nach der Auflösung begannen in Buchenwald erste Planungen für eine Nationale Mahn- und

Gedenkstätte der DDR, in Sachsenhausen wurden Teile des Geländes von der Nationalen Volksarmee (NVA) genutzt. In dieser Zeit wurden etliche Baracken und andere Einrichtungen abgerissen. 1952/53 wurde die so genannte Station Z – der Tötungsort des ehemaligen Konzentrationslagers – gesprengt. In dieser Phase zerfielen wohl auch Teile des ehemaligen Lagers bzw. etliche Dinge wurden geplündert und gestohlen. In den späten 1950er-Jahren entstanden Konzeptionen für eine weitere Nationale Gedenkstätte in Sachsenhausen. Die Entwürfe sahen eine Umgestaltung vor, sodass bei der Eröffnung im April 1961 nur noch ein geringer originaler Baubestand vorhanden war, der zusätzlich durch neue Gedenkstättengebäude ergänzt wurde. Nach der politischen Wende erfolgten nach und nach Modifikationen, Rückbauten und Ergänzungen, die alle Zeitschichten von Konzentrationslager, Sowjetischem Speziallager und DDR-Gedenkstätte berücksichtigten.

Nach der Wende widmete sich die Geschichtsforschung intensiv der lange verschwiegenen Speziallager. In Sachsenhausen sollte auch dieser Opfer gedacht und das Kapitel in einem eigenen Museum oberhalb der Spitze des Lagerdreiecks aufgearbeitet werden. Mit der Intention, dort Massengräber von Opfern des Speziallagers zu finden, wurden zudem bereits 1990 Georadarmessungen durchgeführt. Zwei Anomalien erwiesen sich allerdings als große Müllgruben. Eine befand sich genau an der Stelle des künftigen Museums, sodass eine Ausgrabung bzw. Siche-

Nach Ausbaggerung der Müllgrube wurde der Aushub im
so genannten Industriehof
zwischengelagert und die
Funde mithilfe einer Rüttel-
maschine vom Erdreich ge-
trennt.

Mithilfe engmaschiger Siebe
konnten selbst kleine Funde
wie Knöpfe und Münzen ge-
borgen werden.

Zu den jüngsten Funden gehört diese Tasse mit Sandmännchenmotiv aus der Zeit um 1961.

rung der Funde erforderlich war. Die mindestens 30 m lange, 5,6 m breite und 2 bis 3 m tiefe Abfallgrube konnte wegen des festgelegten Eröffnungstermins des Speziallagermuseums nicht sorgfältig freigelegt werden. Sie wurde unter archäologischer Aufsicht 2001 ausgebaggert und der rund 500 m³ umfassende Aushub mit den Funden planmäßig im Industriehof aufgeschüttet.

Dort lagerten dann insgesamt 13 Hügelsegmente oder kleine Halden, sodass noch eine Chance bestand, Fundhäufungen oder andere Besonderheiten bestimmter Zeitabschnitte zu erkennen. Zunächst hatten Jugendliche in Workcamps – wie damals häufig – ohne archäologische Anleitung etliche Funde geborgen. 2006 konnten dann in einem Praktikum der Humboldt-Universität zu Berlin die Stücke systematisch geborgen, in einer Datenbank inventarisiert und anschließend analysiert werden.

Die Inventarisierung in der Datenbank erfolgte zunächst nach dem üblichen Prinzip, d.h. nach den unterschiedlichen Materialien. Die zeitgeschichtlichen Befunde enthalten erstmals Stoffe, die es in älteren neuzeitlichen Strukturen noch nicht oder nur selten gab, z.B. Aluminium, große Mengen Gummi, Kunststoffe und materialübergreifende Funde. Jedoch zeigte sich schnell, dass diese Einteilung eigentlich nur bedingt für eine Systematisierung taugt. So wurde gleichzeitig eine zweite Kategorie – die Funktion – angelegt, die sich an bestimmte Bereiche des Lagerlebens wie Bauwesen, Bekleidung, Haushalt einschließlich Nahrungsmittelzubereitung sowie Essen und Trinken anlehnt. Ähnlich wurden auch die Funde aus Buchenwald gegliedert.

Abfallgruben beinhalten stets eine große Fülle von Objekten aller Art. Sie wurden gezielt angelegt, um Dinge höchst unterschiedlicher Funktion und Wert absichtlich wegzuwerfen. Zum Zeitpunkt des Entsorgens waren sie häufig defekt oder zerbrochen, sie wurden von den – gegebenenfalls neuen – Besitzern nicht mehr benötigt. Die Verfüllung solcher Abfälle in einer Grube, die dann schnell verschlossen wird, führt dazu, dass die weggeworfenen Gegenstände nicht mehr sichtbar sind und so nach und nach aus dem Gedächtnis verloren gehen.

In der Regel stammen die Gegenstände aus der näheren Umgebung des Fundplatzes. Dies gilt auch für die Müllgrube in Sachsenhausen, deren Inhalt zu einem sehr hohen Prozentsatz dem Konzentrations- und späteren Speziallager zugeordnet werden kann. Es ist aber nicht ausgeschlossen, dass auch etwas Abfall von nahen Anwohnern mit in die Grube gelangte.

Problematisch kann eine exakte zeitliche Schichtung und Zuordnung der Funde sein. In manchen Fällen lassen sich verschiedene Einfüllhorizonte

erkennen oder dass die Artefakte aus einem engen Zeithorizont stammen bzw. die Grube längere Zeit als Abfalldeponie gedient hat. Bei der ausgebaggerten großen Müllgrube oberhalb des Lagerdreiecks in Sachsenhausen sind solche Anhaltspunkte im Nachhinein schwer zu fassen. Jedoch deutet die steile Wandung der Grube darauf hin, dass die Gegenstände in einem Zug und nicht über einen längeren Zeitraum hinweg eingelagert wurden. Denn dann wären die Wände weniger steil bzw. Erdreich wäre nach und nach hineingerutscht. In Sachsenhausen scheinen verschiedene Lagerbereiche während der Planungsphase für die nationale Gedenkstätte systematisch gesäubert worden zu sein, in einigen Segmenten fanden sich z.B. gehäuft medizinische Objekte.

Die einstige Funktion der Dinge ist meist leicht zu eruieren: Flaschen, Teller, Becher, Tassen, Töpfe und Besteck zur Nahrungsmittelzubereitung bzw. -konsumierung, Kleidungsüberreste, Kämme und Zahnbürsten zur Aufrechterhaltung eines gewissen Hygienestandards sowie Persönliches wie Ringe oder Brillen. Zusätzlich bringen Signaturen, Herstellermarken, Häftlingsnummer oder eingravierte Jahreszahlen, Namen oder Initialen viele Objekte zum Sprechen und liefern häufig Datierungsansätze. SS-Runen, Hakenkreuze oder andere eindeutig nationalsozialistischen Zeichen verweisen auf die Konzentrationslagerzeit. Andere Stücke wie die so genannten Zuckerdosen sind nur aus der Speziallagerzeit bekannt. Insgesamt können etwa ein Drittel der Funde aus Sachsenhausen eindeutig der einen oder anderen Lagerphase zugeordnet werden, zwei Drittel lassen sich nicht exakt datieren und keiner bestimmten Periode zuweisen. Von den genauer bestimmbaren Funden stammen etwa ein Drittel wiederum aus der NS-Zeit und zwei Drittel aus der Speziallagerzeit. Es ist allerdings zu bedenken, dass wir für die Objekte aus der Konzentrationslagerzeit nur den Herstellungszeitraum fassen. Es ist auch damit zu rechnen, dass – wie das gesamte Lager Sachsenhausen – auch Kleinfunde aus der Konzentrationslagerzeit im Speziallager noch von Nutzen und weiterhin in Gebrauch waren.

Die Schließung der Müllgrube in Sachsenhausen ist klar bestimmbar. Die jüngsten Stücke stammen aus dem Jahre 1961: eine Münze aus der DDR sowie eine Tasse mit Sandmännchenmotiv. Es ist die Zeit, als dort eine Gedenkstätte errichtet wurde und damit anscheinend umfangreiche Aufräumarbeiten einhergingen. Um die nicht immer ansehnlichen bzw. an eine unliebsame, belastende und tabuisierte Zeit erinnernden Dinge zu beseitigen, wurden wohl weitere Abfallgruben angelegt. Möglicherweise ist der Anteil der Nachkriegsobjekte deshalb sehr hoch, weil eine museale Aufarbeitung der Nachkriegsgeschichte nicht in das Konzept der Nationalen DDR-Gedenk-

stätte passte und Relikte dieser Zeit gezielt entfernt wurden.

Es wurde bereits das immense Ausmaß von rund 5,5 t erwähnt. Den Großteil, etwas über 50 % mit ca. 2800 kg, machen Eisenfunde aus. 14 % sind aus Glas; Keramik/Ziegel bzw. Tierknochen sind mit etwa 6 % vertreten; Porzellan kommt zu 5 % vor. Gummi, Aluminium und Stein/Gips/Asbestzement sind jeweils mit 2 bis 3 % vorhanden, wiegen aber noch immer über 100 kg. Hinzu kommen Objekte aus Blei, Bunt- und Edelmetall, Emaille, Holz, Kunststoff, Leder und Textilien. Da Aluminium deutlich leichter als andere Metalle ist und die Funde zudem unterschiedlich groß sind, sagen diese Zahlen noch nichts über die Quantitäten der einzelnen Objektgruppen aus.

Rückt man ihre Funktion in den Vordergrund, sind jene Funde am häufigsten, die mit Baracken, Funktionsgebäuden und deren Ausstattung in Verbindung stehen. Diese Gegenstände wurden auch noch in der Speziallagerzeit genutzt. Die Palette reicht von

Typische Funde aus dem Sowjetischen Speziallager Sachsenhausen sind kleine zylindrische Aluminiumdosen, in denen die Häftlinge Zuckerrationen erhielten.

Mit wenigen Mitteln fertigten die Häftlinge aus kleinen Dosen andere notwendige Dinge: Durchlochungen des Bodens verwandelten sie in ein Sieb, durch einen Stiel entstand ein Pfännchen.

Viele der so genannten Zuckerdosen tragen Gravuren, häufig Initialen oder Namen. So konnten die Häftlinge ihr spärliches Eigentum kennzeichnen.

Etliche der kleinen Schälchen wurden mit Blumensträußen, Stadtansichten, Booten oder anderen schönen Motiven verziert.

Die Gravur eines Gesichts hinter Gittern veranschaulicht den Versuch der Häftlinge, ihre Situation künstlerisch darzustellen.

Gebäudekonstruktionsteilen wie Beschlägen und Schildern aller Art über Möbel und Möbelbeschläge, Abflussrohre, Wasserhähne oder Fragmente von Waschbecken, elektrische Installationen bis zu vielfältigen Werkzeugen, die vermutlich aus den Werkstätten des Industriehofs stammen, oder Büroutensilien wie z. B. eine Schreibmaschine. Hinzu kommen Fahrzeuge bzw. Fahrzeugteile wie Fahrradrahmen oder Töpfe und Deckel, Teller, Schüsseln, Flaschen und Becher. Zahlreiche Funde gehören in den medizinischen Bereich (Ampullen, Medizinbehältnisse, Bettpfannen, Wärmflaschen) oder zum Hygiene- und Pflegebedarf wie Kämme, Zahnbürsten, Rasierzeug, aber auch Prothesen, Brillen und Rauchbedarf. Bekleidungsstücke sind wohl aufgrund des vergänglichen Materials nicht so häufig. Sehr selten sind Militaria oder Münzen.

Zuckerdosen und andere Dinge

Zu den ohne Zweifel in die Speziallagerzeit zu datierenden Funden gehören die so genannten Zuckerdosen aus Sachsenhausen. Es handelt sich um kleine zylindrische Dosen aus Aluminium, 2 cm hoch und mit 5 cm Durchmesser. Ihre sehr einheitliche Machart, Form und Größe sprechen dafür, dass sie industriell gefertigt und zentral beschafft wurden. Zeitzeugenberichten zufolge wurden sie wohl seit Anfang 1947 von der Lagerverwaltung an die Häftlinge ausgegeben, die darin kleine Essensrationen – Zucker, aber auch Marmelade oder ähnliches – erhielten. Somit konnten die Gefangenen nun erstmals die ihnen zustehenden Rationen verwahren. Dies führte schnell dazu, die Zuckerdosen mit Initialen oder kompletten Namen zu versehen, um das Eigentum zu kennzeichnen. Weitere Schriftzüge wie »Zucker«, »Marmelade«

Ein Häftling hat seine Habe in einer Aluminiumkiste aufbewahrt.

Der Inhalt bestand aus einem Löffel, Fragmenten von zwei weiteren Löffeln, vier Zuckerdosen, einem Schälchen, Glas- und Porzellanscherben sowie dem Deckel eines Aluminiumtopfs.

oder »Butter« (allerdings auf einer anderen kleinen Dose) belegen den spezifischen Gebrauch für die Aufbewahrung von Lebensmittelrationen. Zusätzlich gab es Deckel, die nur knapp 1 cm hoch waren und einen Durchmesser von ca. 5,4 cm besaßen. Mit einem Deckel ließ sich der Inhalt besser schützen. Sicherlich wurden auch andere Dinge darin gesammelt.

Einige Zuckerdosen wurden zusätzlich modifiziert. Löcher im Boden machten daraus ein Sieb, Aus-

biegungen des Rands ließen ein Schälchen entstehen. Ein Exemplar mit Stiel konnte als kleines Pfännchen gedient haben. Laut Zeitzeugenberichten wurde Zucker in der Dose erhitzt und karamellisiert, um Bonbons herzustellen. Möglicherweise hat sich hierfür ein Beleg erhalten.

Aufgrund des Materials – Aluminium – war es leicht möglich, Gravuren anzubringen. So ist ein hoher Prozentsatz der Dosen mit einfachen oder auch

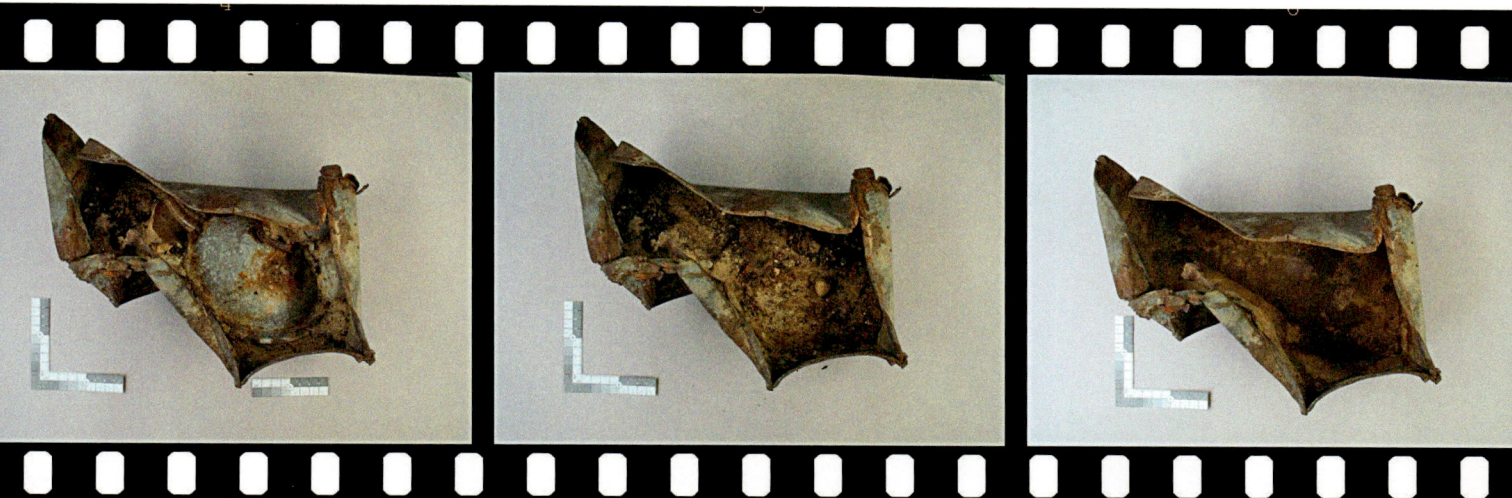

Es mangelte wirklich an allem: Aus einem Kunststoffstück hat ein Häftling einen Kamm gefertigt. Die Jahreszahl datiert das Stück in die Zeit des Sowjetischen Speziallagers.

Aus der Marzipanverpackung einer Lübecker Firma wurde ein Plektrum zurechtgeschnitten. Möglicherweise gab es auch selbstgefertigte Musikinstrumente.

Das geschnitzte Holzherz gewährt Einblick in die Gefühlswelt der Häftlinge.

Der aus einem Aluminiumblech geschnittene Stern mit einem kleinen Loch diente vielleicht als Weihnachtsschmuck.

sehr künstlerisch ausgeführten Ritzungen versehen. Teilweise wurden sie sogar mit Farbe aufgefüllt, sodass eine Zwei- oder Mehrfarbigkeit entstand. Zunächst sind die schon erwähnten Besitzkennzeichnungen zu erwähnen, sie machen den größten Teil aus. Wichtig sind allerdings auch Jahreszahlen, da diese ausschließlich aus der zweiten Hälfte der 1940er-Jahre stammen und so die ausschließliche Zuweisung zum Speziallager leicht belegen.

Einblick in die Sicht der Häftlinge auf ihre Lagerzeit gewähren weitere Ritzungen. Auf einer Dose ist ein Gesicht zu sehen, das sich hinter einem durch kreuzförmige Schraffur angedeuteten Gefängnis befindet, dazu ist die Jahreszahl »1946–194?« angebracht. Hier kommt die Situation als Gefangener und die ungewisse Entlassung in die Freiheit deutlich zum Ausdruck. Andere Exemplare weisen einpunzierte oder gravierte Herzen auf, geometrische Muster, Tie-

re, kunstvolle Blumensträuße, Häuser oder Stadtansichten, detaillierte Segelschiffe oder Inschriften (»Iss Deine Norm und Du bleibst in Form«). Solche Motive können wohl als Darstellung der Wünsche und Hoffnungen angesehen werden. Der ungewöhnlich hohe Prozentsatz verzierter Zuckerdosen ist möglicherweise auch auf die viele »Freizeit« und die geringen Beschäftigungsmöglichkeiten zurückzuführen. Es stand genügend Zeit zur Verfügung, die sich die Häftlinge mit der Dekoration ihrer Dosen vertreiben konnten. Manche Zuckerdosen wanderten wohl durch mehrere Hände, einige Motive sind nacheinander aufgebracht worden.

In zwei besonderen Fundkomplexen wurden solche Zuckerdosen sowie andere kleine Behältnisse aus Aluminium jeweils in einer größeren rechteckigen Metallschachtel entdeckt. Analog zu älteren ur- und frühgeschichtlichen Befunden könnte man sie als Depotfund bezeichnen. Eine der Aluminiumbüchsen ist ca. 30 cm lang. Darin lagen ein Löffel und Fragmente von zwei weiteren Löffeln, vier Zuckerdosen, ein Schälchen, Glas- und Porzellanscherben sowie der Deckel eines Aluminiumtopfs. Im zweiten Fall waren die Stücke in einer Eisenkiste deponiert. Sie enthielt eine kleine Schale, eine Zuckerdose, eine kleine grüne Glasflasche und verschiedene Porzellan- und Glasscherben. Beide Male hatten die Häftlinge wohl ihre Habe an kleinen für sie wichtigen Gegenständen in

den Kisten verstaut und bewahrt. Leider trugen die Objekte keine Einritzungen, sodass sich über die Eigentümer nichts in Erfahrung bringen lässt.

Die Zuckerdosen scheinen eine besondere Fundkategorie aus dem Speziallager Sachsenhausen zu sein. Sie belegen, dass die Zuteilung von bestimmten

Lebensmitteln geregelt war und dass die Häftlinge nur kleine Essensrationen bekommen hatten, die zudem in Zusammenhang mit der verbreiteten Mangelernährung stehen.

Die erwähnte auffällig häufige Verzierung diverser Objekte der Speziallagerzeit kann auch für andere Fundkategorien festgestellt werden. So gibt es einige Kämme, die aufgrund der unregelmäßigen Zinken nicht industriell, sondern von den Häftlingen selbst mit den wenigen ihnen zur Verfügung stehenden Mitteln gefertigt worden sind. Ihre Griffplatte weist neben einer einfachen Ornamentierung noch die Inschrift »Sachsenhausen 1945/46« auf. Entsprechende Jahreszahlen trug etwa auch eine kleine Keramikschale.

Zeitzeugen berichteten ebenfalls darüber, dass sich die Inhaftierten Beschäftigungen gesucht hatten, um der täglichen Monotonie zu entkommen. Dinge aus organischen Materialien wie Näh-, Stick- oder Strickarbeiten sind kaum erhalten. Neben den veränderten Zuckerdosen fanden sich Besteck, kleine persönliche Gegenstände wie ein hölzernes Herz, Uhrattrappen, Fingerringe, ein aus einer Marzipanverpackung gefertigtes Plektrum oder ein aus Aluminium geschnit-

tener Stern mit kleiner Öse. Inwieweit alle diese Objekte aus der Speziallagerzeit oder auch aus der Konzentrationslagerzeit stammen, ist nicht eindeutig zu klären.

Eine NS-zeitliche Produktion sowie eine weiterführende Nutzung in der Nachkriegszeit muss für etliche Objektgruppen und Gegenstände angenommen werden. Dies gilt selbstverständlich für die gesamte Infrastruktur und Baracken des Lagers selbst, aber auch für Geschirr und Besteck oder medizinische Geräte und Medikamente. Noch vorhandene gebrauchsfähige Dinge weiter zu verwenden erscheint logisch. Mitunter gibt es dafür klare Nachweise. So wurde auf einer Tasse aus der Müllgrube Sachsenhausen die NS-zeitliche Herstellermarke der Porzellanfabrik Bohemia, die speziell für die Konzentrationslager produziert hatte, zerkratzt. Noch einen Schritt weiter ging man bei einem Becher des Nebenlagers Loibl Nord (Kärnten, Österreich): Der Reichsadler mit SS-Signet wurde komplett weggekratzt, nur noch die Flügelspitzen sind erkennbar.

Die hier beschriebenen Funde insbesondere aus der Abfallgrube von Sachsenhausen aus der Zeit des

An der Bornholmer Straße wurde am 9. November 1989 die Berliner Mauer geöffnet. Dort stehen an originaler Stelle noch einige Mauerteile. Informationstafeln klären zur Teilung Berlins und zur politischen Wende in Deutschland auf.

Heute erinnert nur noch eine doppelte Pflasterreihe an den Verlauf der Mauer. Sie führte direkt am Brandenburger Tor und am Reichstag vorbei, der im Hintergrund zu sehen ist.

Nach der Maueröffnung haben etliche Künstler die Teilung Berlins auf ihre Weise interpretiert. Die in die Straße im Bezirk Mitte eingelassenen Kaninchensilhouetten der Künstlerin Karla Sachse sollen symbolisieren, dass während des Kalten Kriegs lediglich Kaninchen die Mauer unterwandern, die Menschen sie aber nicht überwinden konnten.

Ein erster Stacheldraht um den Westteil von Berlin wurde am 13. August 1961 gezogen. Mit der Zeit wurden die Grenzanlagen immer weiter verfeinert. In der letzten Ausbaustufe bestand das System aus einer Hinterlandmauer mit diversen Sperranlagen, Überwachungstürmen, Lichttrassen, einem Kolonnenweg und Kontrollstreifen sowie einer Kfz-Sperre und der Mauer, die noch auf dem Staatsgebiet der DDR stand.

Sowjetischen Speziallagers haben viele Parallelen, z.B. in Buchenwald. Doch die Zuckerdosen sind ein Spezifikum und ausschließlich aus Sachsenhausen bekannt.

Entlang der Berliner Mauer

Wohl das jüngste archäologische Denkmal des Kalten Kriegs ist die ehemalige Berliner Mauer, die von 1961 bis zum 9. November 1989 nicht nur Berlin geteilt hat. Eine erste Barrikade aus Stacheldrahtrollen wurde am 13. August 1961 errichtet, um die zahlreichen Flüchtlinge zurückzuhalten, die die von der Sowjetunion besetzten Gebiete in Richtung Westen verlassen wollten, was zu dieser Zeit nur noch in Berlin leicht möglich war. Wenige Tage später wurde die erste Mauer rund um West-Berlin auf einer Gesamtlänge von über 160 km gebaut. Bis 1989 folgten insgesamt vier Ausbauphasen. Schnell war es nicht nur eine Mauer, d. h. eine Linie, die durch die Stadt lief, sondern ein tief gestaffeltes System von Grenz- und Sperranlagen. Die allseits bekannte Mauer war lediglich die westliche Linie, die im Übrigen nicht direkt auf der Grenze stand, sondern ein kleines Stück auf dem Gebiet von Ost-Berlin bzw. der DDR. Schon 1962 folgte die so genannte Hinterlandmauer, also eine zweite Mauerlinie bzw. Streckmetallzaun. Je nach Bebauungsdichte war die Grenzanlage 30 bis 500 m breit. Zwischen den beiden Mauern befanden sich verschiedene Signalanlagen, so genannte Hundelaufanlagen, Kraftfahrzeug-

sperrgräben, Postenwege, ausgeleuchtete Lichtertrassen, Wachtürme sowie ein Kontrollstreifen, der stets akkurat geharkt wurde und so eine Überwindung fast unmöglich machte. Insgesamt starben rund 1050 Menschen bei Fluchtversuchen.

Der Fall der Berliner Mauer, die Wende und die Wiedervereinigung Deutschlands führten zu einer schnellen Demontage der Grenzanlagen des Eisernen Vorhangs quer durch ganz Europa. In weiten Landstrichen ist inzwischen von den Mauern, Zäunen,

Berlin West **Berlin Ost**

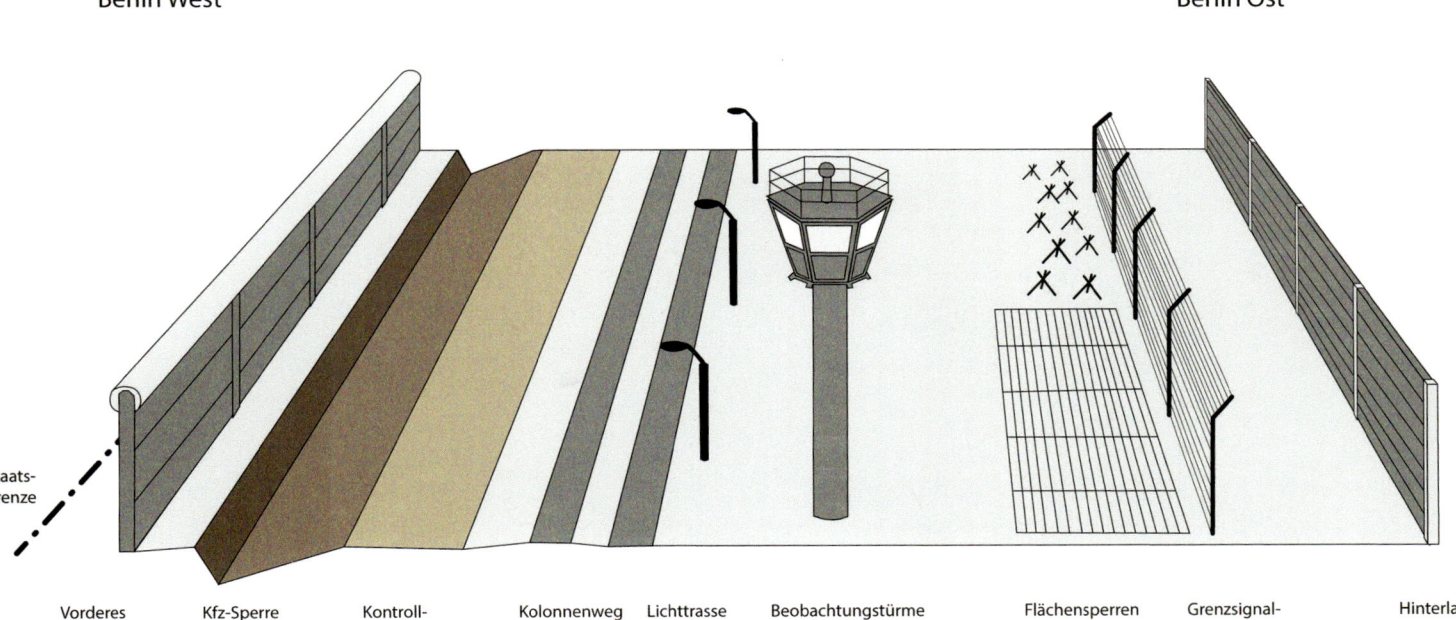

Staatsgrenze

| Vorderes Sperrelement | Kfz-Sperre | Kontrollstreifen | Kolonnenweg | Lichttrasse | Beobachtungstürme und Führungsstellen | Flächensperren | Grenzsignalzaun | Hinterlandsmauer |

Barrieren und anderen Hindernissen nichts mehr zu sehen. Außerhalb der Städte hat sich die Natur die Grenzstreifen zurückerobert. Willy Brandt, der in der Zeit des Mauerbaus Regierender Bürgermeister von West-Berlin war, sagte schon einen Tag nach der Maueröffnung am 10. November 1989, »nun muss zusammenwachsen, was zusammengehört«. Dieses Zitat spiegelt die damalige Stimmung wider. So wurden in Berlin die Mauer und die zugehörigen Grenzanlagen in den frühen 1990er-Jahren weitgehend abgetragen. In dieser Phase, als Berlin und Deutschland erste Schritte für ein Zusammenwachsen der beiden lange getrennten Landesteile unternahmen, war der weitreichende Abriss sicherlich notwendig. Eine ständige Präsenz und Sichtbarkeit der Mauer hätte den Einigungsprozess nicht gefördert. Teile der Mauer blieben nur an einigen Stellen in der Stadt erhalten, so etwa an der Bernauer Straße, an der Niederkirchstraße im Bereich der Gedenkstätte »Topographie des Terrors« und nahe dem Ostbahnhof an der East Side Gallery. An einigen Punkten, etwa am Potsdamer Platz, stehen zwar einige Mauersegmente, diese sind jedoch nicht an originaler Stelle, sondern eher als Touristenattraktion aufgestellt worden. Am für Berlin und Deutschland so bedeutungsvollen Brandenbur-

ger Tor erinnert heute eigentlich nichts mehr daran. Dort ist lediglich, wie in weiten Teilen der gesamten Stadt, der ehemalige Mauerverlauf durch eine doppelte Pflastersteinreihe auf der Straße markiert. Entlang des so genannten Mauerwegs rund um das ehemalige West-Berlin kann man die wenigen noch vorhandenen Relikte bzw. die verschwundene Grenze erfahren. Zahlreiche Tafeln an besonderen relevanten Stellen erläutern jeweils die örtliche Geschichte bzw. berichten von spezifischen Vorfällen an diesen Orten. Insbesondere wird aller Opfer der Berliner Mauer mit einer eigenen Informationsstele gedacht. Etliche künstlerische Projekte an der Strecke ermöglichen eine weitere Sichtweise auf die alte Grenze.

Dort, wo die Mauer noch im originalen Verband steht, sind zusätzlich umfassende Infotafeln bzw. Gedenkstätten errichtet worden. Wer Reste der Mauer besichtigen und sich über die Teilung der Stadt informieren möchte, muss in Berlin also gezielt bestimmte Stellen aufsuchen. Im normalen Stadtbild ist die Grenze nicht mehr erkennbar: Der ehemalige Grenzstreifen ist bebaut, die unterschiedliche Bebauung von Ost- und West-Berlin wurde angeglichen. Doch dieser Teil der Geschichte ist für die vielen Besucher der Stadt von großer Bedeutung. Sie wollen et-

Die zentrale Gedenkstätte zur Berliner Mauer befindet sich an der Bernauer Straße und nicht am Brandenburger Tor in der Mitte Berlins. Hier geht der Blick von der ehemaligen Mauer über die nur noch im Boden erhaltenen Sperranlagen zur Hinterlandmauer.

An der Berliner Mauer bzw. den Gebäuden, die ehemals an der Bernauer Straße standen, kann den Besuchern der Gedenkstätte gezeigt werden, dass die Kellerfenster zugemauert wurden, um eine Flucht zu verhindern.

was über die zwei lange getrennten Stadtteile erfahren, und vielfach werden Einwohner von Touristen gefragt, wo denn die Mauer gewesen sei. Aber auch die jüngeren Berliner, die den Kalten Krieg nicht mehr bewusst erlebt haben, wollen wissen, welche Stadtteile zu West- oder Ost-Berlin gehört haben.

Zusätzlich beschäftigte sich die Denkmalbehörde verstärkt mit den Relikten der Berliner Mauer. Der Zerfall der noch aufrecht stehenden Segmente, die als Zeitzeugen bewahrt werden sollten, machte Sanierungsarbeiten notwendig. Inzwischen sind einige der noch erhaltenen Abschnitte und drei Wachttürme unter Denkmalschutz. Zusätzlich werden an bestimmten Orten Gedenkstätten eingerichtet, wobei jener an der Bernauer Straße eine zentrale Rolle zukommt. Ziel ist es, an originalen Schauplätzen über das unmenschliche System der Grenzanlagen zu informieren, die Familien, Freundschaften, eine Stadt und ein Land für 28 Jahre getrennt und West-Berlin umschlossen hat.

Seit 2007 finden Prospektionen und Ausgrabungen statt. Diese werden in erster Linie im Bereich der Gedenkstätte an der Bernauer Straße durchgeführt, die die Bezirke Wedding und Mitte getrennt hat, aber auch an anderen Stellen in der Stadt. Die Bernauer

Straße ist deswegen von Bedeutung, weil hier das Gelände noch nicht überbaut ist und so die gesamte Tiefe der Sperranlagen dokumentiert werden kann. Auch für die Stadtgeschichte ist dieser Abschnitt bedeutsam, denn hier bildete die westliche Außenfront der Häuser die Grenze. Die Gebäude standen im sowjetischen Sektor, der Bürgersteig war bereits auf der Westseite, was dazu führte, dass Menschen versuchten, aus dem Fenster auf den rettenden Bürgersteig zu fliehen. Später wurden diese Häuser abgerissen.

Die Errichtung von Gedenkstätten, aber auch Baumaßnahmen entlang der ehemaligen Grenze führten zu Grabungen an einem Denkmal aus der zweiten Hälfte des 20. Jahrhunderts, das als jüngster archäologischer Befund Deutschlands gelten kann.

Die Gedenkstätte an der Bernauer Straße möchte auf einer Strecke von rund 1400 m zunächst einmal die Relikte wie Grenzanlagenbestandteile und Kellerüberreste wieder sicht- und erfahrbar machen. Zusätzlich informieren Texte zu unterschiedlichen Themen, aber auch zeitgenössische Bilder und Hördokumente von Zeitzeugen.

Vorab waren geophysikalische Prospektionen und Ausgrabungen notwendig, um die Grundmauern der abgetragenen Häuser der Bernauer Straße aufzude-

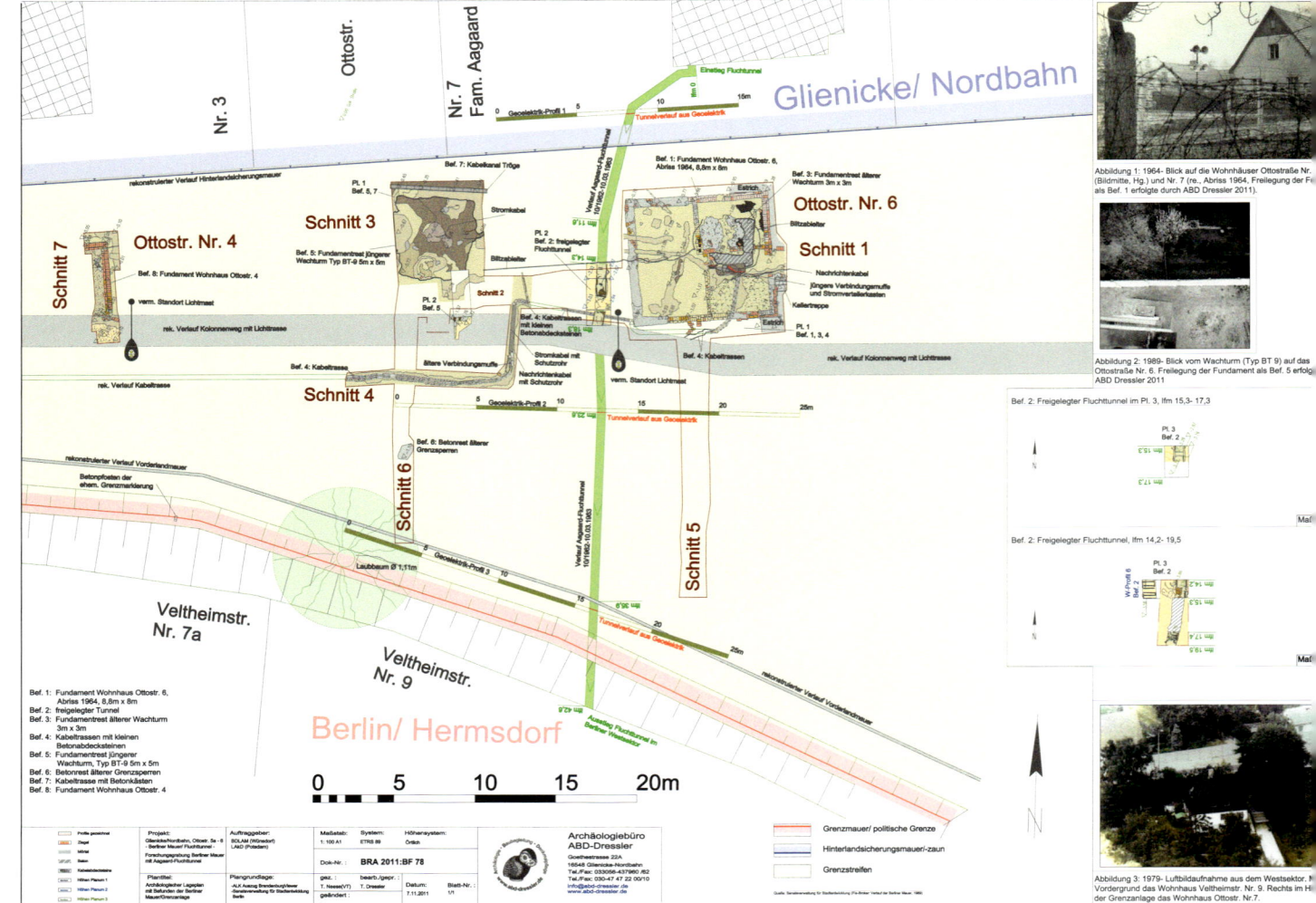

Abbildung 1: 1964- Blick auf die Wohnhäuser Ottostraße Nr. [3] (Bildmitte, Hg.) und Nr. 7 (re., Abriss 1964, Freilegung der Fu als Bef. 1 erfolgte durch ABD Dressler 2011).

Abbildung 2: 1989- Blick vom Wachturm (Typ BT 9) auf das Ottostr. Nr. 6. Freilegung der Fundament als Bef. 5 erfolg ABD Dressler 2011

Abbildung 3: 1979- Luftbildaufnahme aus dem Westsektor. I Vordergrund das Wohnhaus Veltheimstr. Nr. 9. Rechts im Hi der Grenzanlage das Wohnhaus Ottostr. Nr.7.

Bei Ausgrabungen an der Berliner Mauer konnte ein Fluchttunnel freigelegt werden. Als weitere Befunde haben sich ein Turmfundament und weitere Reste der Sperranlagen erhalten.

cken. Nun ist der Grenzverlauf wieder erkennbar. Etliche Türen und Fenster waren vermauert, um die geschilderten Fluchtversuche zu verhindern. In anderen Bereichen sind die Hinterlandmauer und weitere Sperranlagen freigelegt. Auch Überreste der dort 1985 gesprengten Versöhnungskirche konnten im Boden dokumentiert werden. Teile des ehemaligen Sophienfriedhofs hatten der Mauer weichen müssen, im Boden fanden sich alte Grabsteine und -markierungen. Weiterhin wurden ehemalige Straßenverläufe offengelegt. Die archäologischen Arbeiten dienten hier also in erster Linie dazu, die Relikte für die Gedenkstätte sichtbar zu machen.

Auch an anderen Stellen wurde gegraben und dabei nicht nur der Mauerverlauf, sondern auch Wachtürme, Sperranlagen oder – wie an der Bernauer Straße – im Zuge des Mauerbaus abgerissene Häuser dokumentiert.

Zeugnis von versuchten, geglückten und vereitelten Fluchten legen Fluchttunnel ab, die ebenfalls sondiert und teilweise freigelegt wurden. Im Bereich der Bernauer Straße verlief der so genannte Tunnel 29 auf einer Länge von 1300 m. Geoelektrische Messungen konnten den Hohlraum eruieren, durch den 29 Menschen im September 1962 der Weg in die Freiheit gelang. Ein weiterer Tunnel bzw. dessen Ausgang wurde im Norden Berlins zwischen dem Stadtteil Hermsdorf und der schon außerhalb liegenden Ortschaft Glienicke (Nordbahn) aufgedeckt. Er führte unter der Terrasse eines Wohnhauses unter den Grenzanlagen hindurch und ermöglichte 13 Menschen die Flucht. Im Zuge dieser Ausgrabungen wurden auch ein Wachturm, ein abgerissenes Wohnhaus sowie Elektroleitungen für die Lichttrassen entdeckt.

Die Ausgrabungen an der Berliner Mauer sind ein beredtes Beispiel dafür, dass auch Strukturen aus unserer jüngsten Vergangenheit, zu denen es zahlreiche Zeitzeugen gibt, Ziel archäologischer Unternehmungen sein können. Wenn, wie in diesem Fall, der gewiss verständlichen Zerstörung ein Bedürfnis nach Erläuterungen zu den Grenzanlagen folgt, sind sorgfältige archäologische Freilegungen und Dokumentationen sicherlich das richtige Mittel, um ein solches Denkmal wieder erfahrbar zu machen.

Auch international werden Fundorte des Kalten Kriegs erforscht. Was die Berliner Mauer auf einem räumlich begrenzten Bereich darstellt, ist der Eiserne Vorhang auf einer Länge von mehreren Tausend Kilometern für ganz Europa. In einem Dissertationsprojekt wurde an etlichen Orten, z. B. an der Grenze zwischen Italien und Slowenien, an der tschechisch-österreichischen oder der ehemaligen innerdeutschen Grenze und in Berlin, nach den materiellen Überresten der Grenzanlagen und zugehöriger Bauten gesucht. Da auf östlicher Seite des Eisernen Vorhangs Sicherungsanlagen und Bunker zahlenmäßig deutlich überwiegen, werden etwa in Tschechien der Zerfall der Bunker sowie die Veränderungen in der Landschaft aufgezeichnet. Aber auch flächig im gesamten Land verteilte kleine Bunker wie in Albanien sind materielle Zeugnisse des Kalten Kriegs. Mit der Dokumentation werden auch die Entwicklung der Grenzen und Schutzmaßnahmen in den 1950er- bis 1980er-Jahren analysiert, doch die folgende Zeit steht ebenfalls im Fokus: Welche Überreste sind in den letzten 25 Jahren komplett zurückgebaut worden? Welche Bauten existieren noch? Welche Bereiche hat sich die Natur zurückerobert und was erinnert noch an die Zeiten des Kalten Kriegs? Auch wenn keine konkreten Ausgrabungen stattfanden, steht doch die Materialität und damit ein genuin archäologischer Aspekt im Vordergrund.

Der Kalte Krieg ist mit der Bedrohung der beiden sich weltweit gegenüberstehenden Blöcke und dementsprechend mit einer Vielzahl von Rüstungsbetrieben und Militärbasen verbunden. Bis 1992 wurden in der Wüste von Nevada Atomversuche durchgeführt, um die militärische Stärke der USA zu demonstrieren. Allein in den USA gab es über 1000 Militärbasen, an denen Atomwaffen stationiert waren. Heute stehen viele der ober- und/oder unterirdischen Gebäude, Abschussrampen und weitläufigen Strukturen ungenutzt in der Landschaft. Sicherlich ist die Aufrüstung vielen Menschen in groben Zügen grundsätzlich bekannt, doch die immense Dimension der Waffenarsenale wurde in der Öffentlichkeit kaum diskutiert. Es handelte sich um geheime Orte, zu denen nur wenige Personen Zutritt hatten. Die Komplexität der Anlagen mit archäologischen Methoden zu untersuchen kann die Spirale der Aufrüstung verdeutlichen. Zunächst gab es lediglich kleinere Konstruktionen aus den 1950er-Jahren, mit der Zeit wurden sie immer vielschichtiger und unter die Erde verlegt.

Ähnlich wie in den USA fanden solche Studien mithilfe von Luftbildarchäologie oder Satellitenfotos auch um Moskau herum statt.

Archäologie jenseits von Konflikten

Die inzwischen für die archäologische Denkmalpfle-ge und universitären Fachinstitute selbstverständlich werdende Beschäftigung mit Relikten der Zeitge-schichte, die im engeren oder weiteren Zusammen-hang mit der NS-Diktatur bzw. den beiden Weltkrie-gen stehen, führte auch zu Reflexionen über den Umgang mit anderen Hinterlassenschaften des 20. Jahrhunderts. Wie erwähnt, ist die Definition des archäologischen Erbes weiterentwickelt worden, und die Zeiten der Beschränkung auf vormoderne oder gar vormittelalterliche Epochen sind vorbei. Unbe-stritten ist, dass die archäologischen Strukturen und Objekte für die Erforschung des nationalsozialisti-schen Terrors oder der beiden Weltkriege höchst re-levant sind und demnach in dieses neue offene Zeit-konzept passen. Jedoch kann die Frage gestellt werden, ob Gleiches auch für andere Fundorte und Befundgattungen gelten könnte. Die zentrale Katego-rie der Bedeutung für die Menschheitsgeschichte ist sicherlich zu verknüpfen mit der Überlegung, was künftige Generationen für schützens- und erhaltens-wert erachten, was in Zukunft ein Denkmal sein wird, sodass boden- und bauarchäologische Methoden und Interpretationsansätze herangezogen werden müssen. Positive Antworten findet man am ehesten, wenn es um Objekte und Strukturen geht, die zwar aus be-stimmten politischen, ökonomischen, gesellschaftli-chen, kulturellen oder zeitbedingten Gründen einem grundlegenden Wandel unterlagen und keine aktuelle Relevanz mehr haben, die es jedoch wert sind, dass

man ihrer gedenkt, dass man die Überreste bewahrt und in ihrem geschichtlichen Kontext erforscht. An-hand einiger Beispiele kann dies näher erläutert wer-den, wobei zu betonen ist, dass es sich um Fundorte handelt, deren Vergangenheit sich nicht ausschließ-lich auf das 20. Jahrhundert beschränkt, sondern auch in mittelalterliche Zeiten zurückreichen kann.

In der Kölner Bucht zwischen Eschweiler im Wes-ten, Brühl im Süden und Erkelenz im Norden, in der Lausitz südlich des Spreewalds, bei Boxberg im Nord-osten Sachsens oder in der Gegend um Leipzig gibt es ausgedehnte Bergbaureviere, wo Braunkohle im Tagebau gewonnen wird. Die Tagebaue reißen tiefe Wunden in die Landschaft, die auch nicht vor Sied-lungen haltmachen. Vereinzelt schon in der ersten Hälfte des 20. Jahrhundert und in den 1950er-Jahren, massiv aber seit den 1960er-Jahren bis in heutige Zeit müssen immer wieder Menschen ihre Dörfer und Ortschaften verlassen. Häuser, Gehöfte, Kirchen, Schulen, Geschäfte, Straßen, Sportplätze und alle an-deren Gebäude werden abgerissen und devastiert. Die Planungen für solche Erweiterungen der Braunkohle-reviere dauern lange und werden von intensiven und langwierigen Protesten und Verzögerungen begleitet. Wenn dann die Beseitigung der Ortschaften in die Realität umgesetzt wird, finden auch umfassende ar-chäologische Untersuchungen statt. Früher interes-sierte man sich in erster Linie für die urgeschicht-lichen Relikte, die in den Kulturschichten oberhalb der Braunkohle lagen, oder für die mittelalterlichen

Breunsdorf (Sachsen) musste dem Braunkohleabbau wei-chen. Eine vollständige bau-archäologische Dokumenta-tion und Ausgrabungen führ-ten zu umfassenden neuen Erkenntnissen zur Dorfgenese und -entwicklung vom Mit-telalter bis ans Ende des 20. Jahrhunderts.

Selten sind so vollständige
Ausgrabungen in Dörfern
möglich wie in den Braun-
kohlerevieren.

Ursprünge der Orte. Erst später widmete man sich
der kompletten Geschichte der Dörfer und Siedlungen, die vom Erdboden verschwinden sollten. Nicht
erst die unter den abzubrechenden Häusern liegenden mittelalterlichen oder frühneuzeitlichen Befunde
und Keller stoßen auf Interesse, sondern ebenso der
gesamte Baubestand, inklusive Veränderungen des
20. Jahrhunderts. Die Geschichte solcher Ortschaften
beschränkt sich nämlich nicht nur auf ältere, länger
zurückliegende Epochen, sondern reicht bis in die
Jetztzeit. Die Ausgrabungen bzw. die Bauaufnahme
der noch stehenden Gebäude nimmt viel Zeit in Anspruch, anschließend muss eine immense Zahl an
Funden und Befunden aufgearbeitet werden. Die Bewohner, die ihre Häuser verlassen und anderswo eine
neue Heimat finden müssen, haben dann aber zumindest die Chance, die gesamte Entwicklung von
den mittelalterlichen Anfängen bis in die Zeit, die sie
selbst miterlebt und gestaltet haben, anhand von Dokumenten wie Bildern, Archivaufnahmen oder dinglichen Erinnerungsstücken zu erfahren.

Eine solche komplette Dorfuntersuchung fand z. B.
in Breunsdorf (Sachsen) im Abbaufeld Schleenhain
statt. Der Ort wurde Mitte der 1990er-Jahre devastiert. Die Dorfgründung erfolgte im Zuge des mittelalterlichen Landesausbaus östlich der Elbe in den
1130er-Jahren. Für 1267 ist eine erste schriftliche
Nennung überliefert. Die Siedlung präsentierte sich
im 20. Jahrhundert als Straßendorf, und man vermu-
tete zunächst eine gleichartige Gründung im Mittel-

alter. Die frühen Phasen im 12. Jahrhundert nahmen
jedoch einen weit geringeren Raum ein und waren lo-
cker gestreut. Zudem spricht die Lage eines Hofs unter der Dorfstraße ebenfalls dafür, dass die lineare
Anordnung erst später beachtet wurde. Nach und
nach bis zum Ende des Mittelalters hat sich die Siedlung in ein Straßendorf entwickelt. In einigen Fällen
scheinen sich mittelalterliche oder frühneuzeitliche
Parzellenstrukturierungen erhalten zu haben, aber es
gibt auch Grundstücksbebauungen ohne derart weitreichende Tradition. Die mittelalterlichen und frühneuzeitlichen Gehöfte fielen weitgehend verschiedenen Bränden Ende des 18. und in der ersten Hälfte
des 19. Jahrhunderts zum Opfer.

Eine umfassende Bauforschung wurde in den
schon leeren, aber noch nicht abgerissenen Häusern,
Ställen und Scheunen durchgeführt, um eine genau
chronologische Abfolge zu erhalten. Dazu wurden
u. a. dendrochronologische Proben entnommen. Abgesehen von der mittelalterlichen Kirche gibt es keine
Bauten, die bis in die Frühzeit des Dorfes reichen. Die
meisten Häuser, seien es Wohn- oder Wirtschaftsge-
bäude, stammen aus dem 19. und 20. Jahrhundert,
selten aus der frühen Neuzeit. Bei den älteren ist eine
stete bauliche Veränderung festzustellen. Da im
19. Jahrhundert neue Anbausorten die Landwirtschaft massiv veränderten, wurden auch die Höfe
umstrukturiert bzw. es waren neue Bauten notwendig, beispielsweise um Feldfrüchte zu lagern. Diese
Ergebnisse zur Dorfstruktur und den Gehöften selbst

sind wichtig, da man häufig und zu wenig reflektiert einen älteren Ursprung annimmt. Leichtfertig steht oft die Behauptung im Raum, Siedlungsstrukturen gingen auf das Mittelalter zurück. Eine dezidierte Analyse ergibt dann jedoch häufig wie in Breunsdorf ein deutlich jüngeres Datum.

Die umfassende Aufarbeitung solcher devastierter Dörfer trägt mit dazu bei, die gesamte Geschichte der Orte zu schreiben. Nicht nur Historiker, auch die Menschen, die die Dörfer verlassen und an einem anderen Ort wieder neu beginnen mussten, können so die Erinnerung an ihr früheres Leben und damit einen Teil der alten Identität bewahren.

Auch in kleinem Stil kann eine komplette Hausuntersuchung historisch wertvolle Ergebnisse liefern. Im Angertal, einem Seitenhochtal des Gasteiner Tals, in den Salzburger Alpen musste die so genannte Feldinghütte der Wildbachverbauung weichen. Da im gleichen Bereich der mittelalterliche Goldbergbau archäologisch erforscht wurde, sollte unter den Fußböden nachgesehen werden, ob die Almhütte eventuell auf mittelalterliche Ursprünge zurückgeht und an dieser Stelle ehemals ein Knappenhaus stand. Schon die dendrochronologische Beprobung ergab, dass etliche Hölzer aus der ersten Hälfte des 15. Jahrhunderts stammen, also mit mittelalterlichen Überresten zu rechnen war. Auch hier erfolgte zunächst eine komplette bauarchäologische Aufnahme und Vermessung. Es handelt sich um einen 10 m × 12 m großen Bau in Blockbauweise, der auf einem Bruchsteinsockel errichtet war. Ehemals bestand die Felding-hütte aus einem östlichen Stallteil, westlich schloss sich der Wohnbereich mit der Rauchstube an. Im 20. Jahrhundert ist der Stallteil deutlich verkleinert und die vordere Stalltür verschlossen worden. Dort entstanden zwei neue Räume und eine Toilette wurde eingebaut. Diese Veränderungen zeigen gewandelte Wirtschaftsweisen an, die ohne große Stallungen auskamen. Zeitungen unter der Tapete belegen eine Renovierung in den 1980er-Jahren. Insgesamt drei Fußböden geben Hinweise auf mindestens drei Bauphasen. Die eingelagerten Funde, darunter Plastikspielzeug, sind Relikte des 20. Jahrhunderts.

Ein augenscheinliches Indiz für das Baudatum der Feldinghütte lieferte die eingravierte Jahreszahl »1839« in der Firstpfette über dem Eingang. Eine dendrochronologische Bestimmung dieses Holzes belegt jedoch, dass es erst 1853 geschlagen wurde. Die meisten anderen beprobten Hölzer stammen aus den 1870er-Jahren. Demnach wurde die Feldinghütte, wie sie noch bis vor Kurzem im Angertal stand, also erst um 1875 errichtet. Mit der Jahreszahl wollte man wohl auf einen älteren Bau hinweisen, der auch auf zeitgenössischen Karten von 1843 verzeichnet ist.

Schließlich konnte die Frage nach dem mittelalterlichen Knappenhaus geklärt werden. Rund 50 cm unterhalb des ältesten Fußbodens aus dem 19. Jahrhundert fand sich eine Kulturschicht mit Holzkohleresten, deren Radiokarbondatierung ins frühe 15. Jahrhundert verwies. Im Talschluss des Angertals stand also bereits eine Hütte, die von Knappen im Zusammenhang mit den Goldbergbaubefunden und

Die Feldinghütte im Angertal (Land Salzburg) wurde in den 1870er-Jahren errichtet und bis in die zweite Hälfte des 20. Jahrhunderts mehrfach umgebaut.

Dendrochronologische Untersuchungen wiesen nach, dass einige Hölzer der Feldinghütte noch aus dem Spätmittelalter stammen, die meisten jedoch aus der Bauzeit in den 1870er-Jahren. Die Jahreszahl »1839« auf der Firstpfette erinnert wohl an einen Vorgängerbau.

Plan der Feldinghütte mit unterschiedlichen Nutzungsphasen.

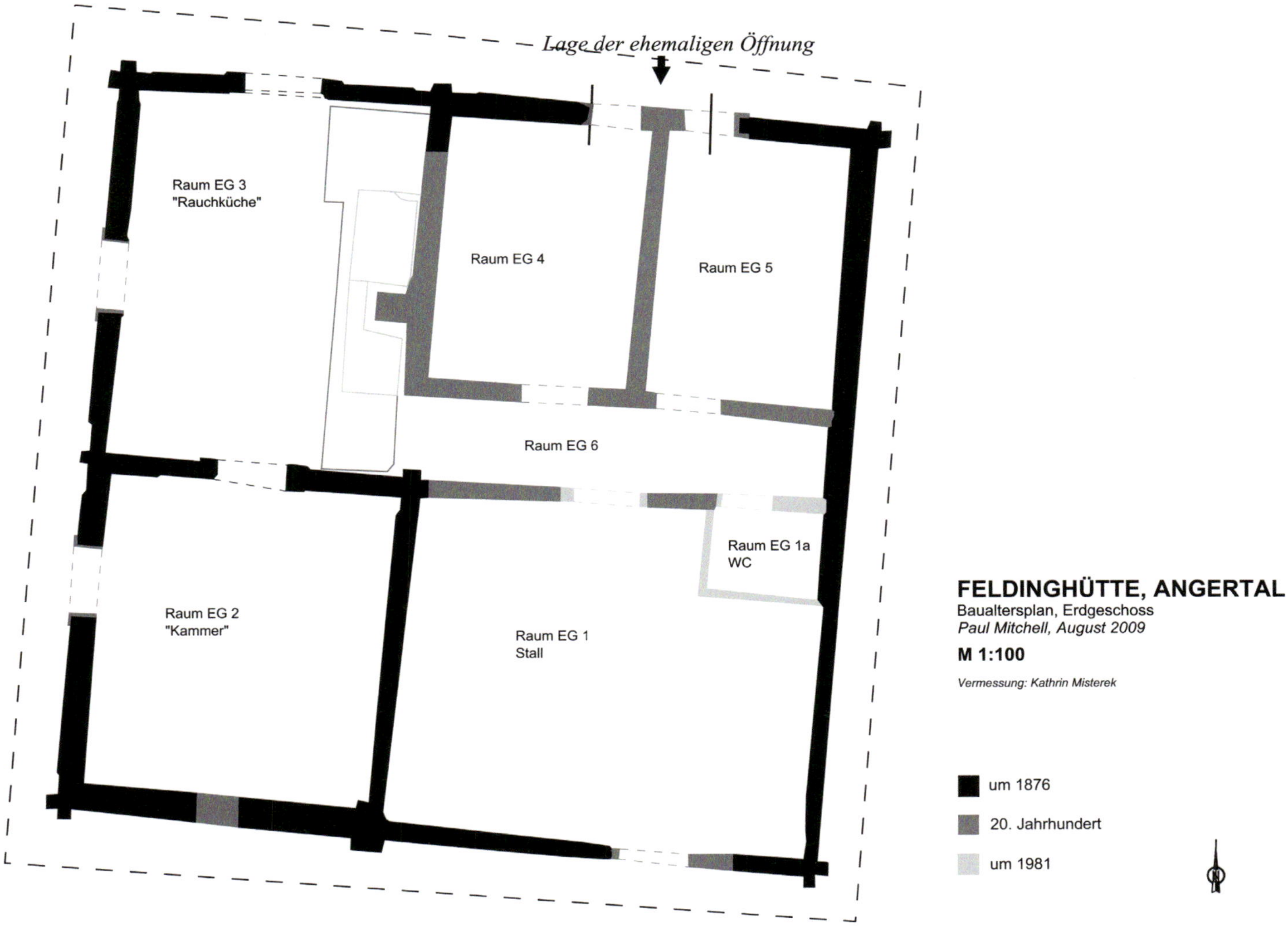

— *Lage der ehemaligen Öffnung*

Raum EG 3
"Rauchküche"

Raum EG 4

Raum EG 5

Raum EG 6

Raum EG 1a
WC

Raum EG 2
"Kammer"

Raum EG 1
Stall

FELDINGHÜTTE, ANGERTAL
Baualtersplan, Erdgeschoss
Paul Mitchell, August 2009
M 1:100

Vermessung: Kathrin Misterek

■ um 1876

■ 20. Jahrhundert

▫ um 1981

Essen, Gussstahlfabrik Krupp: Rechts sind die Fundamente des Stammhauses zu sehen, darüber das Areal der alten Hauptverwaltung und links der Bereich der neuen Hauptverwaltung.

den dortigen Schmelzprozessen genutzt wurde. In der frühen Neuzeit wurde der Goldbergbau aufgegeben, ebenso die Hütte. Doch die Hölzer müssen im 19. Jahrhundert noch so weit in Ordnung gewesen sein, dass sie für eine neue Almhütte wiederverwendet werden konnten. Aufgrund ihrer immensen Länge von bis zu 12 m ist nicht damit zu rechnen, dass sie aus dem rund 10 km entfernten und rund 250 Höhenmeter unterhalb gelegenen Bad Hofgastein herauftransportiert wurden.

Weitere nicht mehr genutzte Objekte der jüngeren Geschichte mit hohem Denkmalwert sind die großen Fabrikanlagen aus der Zeit der Industrialisierung. Auch hier muss man das 19. und das 20. Jahrhundert gleichermaßen in Betracht ziehen. Das Ruhrgebiet zwischen Duisburg und Dortmund galt lange als Inbegriff einer hochindustrialisierten und dicht besiedelten Zone. Eisenerzlagerstätte und Steinkohle bildeten die Grundlage ihrer Entwicklung. Erste Steinkohle wurde im Pingenbau bei Witten und Dort-

mund schon im Mittelalter abgebaut und diente Schmieden und Salzsiedern für die Produktion ihrer Güter. Seit der frühen Neuzeit begann der Untertagebergbau, und ein Stollensystem ermöglichte eine gezielte Kohlegewinnung. Auch Obrigkeiten wollten am Aufschwung teilhaben. Staatliche Reglementierungen steigerten den Einfluss Preußens und der regionalen Grafschaft Mark.

Rasantes Wachstum in vielerlei Hinsicht brachte die Industrialisierung im 19. Jahrhundert. Erste Eisenhütten entstanden bereits seit Mitte des 18. Jahrhunderts, ab dem 19. Jahrhundert wurde in den Bergbaurevieren in immer zahlreicheren Bergwerken Steinkohle abgebaut und in Kokereien das für die Eisen- und Stahlhütten notwendige Koks hergestellt. Der immense Aufschwung zog immer mehr Arbeitskräfte an. Die noch bis Ende des 18. Jahrhunderts kleinen Ortschaften wuchsen rasant, am Ende des 20. Jahrhundert lebten im Ruhrgebiet über 5 Millionen Menschen. Während die wirtschaftliche Lage bis weit in die erste Hälfte des 20. Jahrhunderts gut war, setzte ab den späten 1950er-Jahren ein Niedergang der Kohle- und Stahlindustrie ein. Immer mehr Bergwerke und Zechen stellten den Betrieb ein. Derzeit gibt es nur noch ganz wenige Schächte in Bottrop und Marl bzw. Haltern im Norden des Ruhrgebiets, aus denen Steinkohle gefördert wird, und auch hier ist mittelfristig ein Ende der inzwischen wenig rentablen Förderung abzusehen. Auch die eng damit verbundene Stahlindustrie leidet unter der starken Konkurrenz aus anderen Regionen der Welt. Heute hat die Industrie längst nicht mehr den beherrschenden Status inne wie bis zur Mitte des 20. Jahrhunderts, und das Ruhrgebiet befindet sich nach wie vor in einem massiven Strukturwandel.

Früher jedoch waren die Lebenswelten der Arbeiter und Bewohner eng mit den Bergwerken sowie den Eisen- und Stahlhütten verbunden und machten einen großen Teil der regionalen Identität aus. Mit dem Strukturwandel geht die Gefahr einher, dass diese Geschichte nicht präsent bleibt und Bruchstücke und Einzelheiten davon verloren gehen. So versucht man seit einiger Zeit, zumindest etliche der Fördertürme und Industrieanlagen als Kulturdenkmäler zu erhalten. Ihre Bedeutung für die Region wird auch durch die Anerkennung der Industrieanlagen des Zollvereins in Essen als UNESCO-Welterbe deutlich.

Entsprechend der Vorstellung, dass die komplette Geschichte eines Fundplatzes erfasst werden muss, setzen die Forschungen im 19. Jahrhundert an, als die Industrialisierung begonnen hat und im Ruhrgebiet zahlreiche Firmen entstanden sind.

Zu den bekanntesten gehört die Gussstahlfabrik, die 1811 von Friedrich Krupp in Essen gegründet wurde. Im Laufe der Jahre entwickelte sich aus einem Stammhaus und einem Schmelzbau ein großes Industrieareal mit Bergwerken, Kokereien, Stahlhütten, eigenen Bahnanlagen und Arbeitersiedlungen. Die Firma expandierte immer weiter, die Rüstungsindustrie machte sowohl im Ersten wie im Zweiten Weltkrieg einen Großteil der Produktion aus. Auch Häftlinge aus einem Außenlager des Konzentrationslagers Buchenwald in der Humboldtstraße mussten Zwangsarbeit leisten. Aufgrund der Rüstungsindustrie waren die Kruppwerke Ziel alliierter Angriffe und weiterer Demontagen im Zuge der Reparationsleistungen nach Kriegsende. Große Bereiche der alten Fabrik waren zerstört, weite Teile des Geländes lagen brach.

Erst in den letzten zehn Jahren entstanden neue Bebauungspläne, die archäologische Untersuchungen mit sich brachten. Auch hier zeigte sich schnell, dass mit den üblichen Methoden solch gewaltige Flächen oder die sehr großen und überdimensionierten Objekte nicht »klassisch« ausgegraben, geschweige denn geborgen werden können. Zudem herrschte enormer Bau- und Zeitdruck, der eine intensive Analyse kaum zuließ. Vielmehr war es Ziel, die insbesondere fotografisch dokumentierten Relikte so gut wie möglich zu erfassen. Überreste des 19. und 20. Jahrhunderts wie das Stammhaus, die ältere Hauptverwaltung, das so genannte Hauptcomptoir von 1874 oder das Probierhaus H (gegründet 1871), in dem das Siemens-Martin-Verfahren zur Verbesserung der Stahlerzeugung entwickelt wurde, hat man aufgedeckt. Im Schutt des alten Verwaltungsgebäudes fanden sich u.a. zwei gusseiserne fast 5 m lange kannelierte Säulen, die allerdings später ummauert wurden. Weitere Säulen lagen im Untergeschoss. Die Dekoration repräsentativer Eingangs- oder Innenbereiche mit Säulen war im 19. Jahrhundert gängig, die Stücke aus Essen wurden wohl um 1880 im Verwaltungsgebäude eingebaut. Die spätere Ummauerung deutet jedoch einen Stilwandel an: Kannelierte Säulen waren nicht mehr modern. Im Prinzip sind die wertvollen gussei-

Essen, Gussstahlfabrik Krupp: freigelegte gusseiserne Säulen aus dem alten Verwaltungsgebäude.

sernen Säulen bei Abrissarbeiten entdeckt worden, wobei die Ummauerung zerbrochen war.

Weitere baubegleitende Ausgrabungen auf dem Gelände haben ergeben, dass das Industrieareal im Hinblick auf Werksstandorte und Gebäude steten Veränderungen unterworfen war. Lediglich die oberirdischen Stockwerke der älteren Bauten waren abgetragen worden, aber die Kellerbereiche nicht entkernt. Diese wurden einfach mit Schutt verfüllt und dienten als Basis für neue Bauwerke.

Ähnlich wie schon an anderer Stelle betont, fallen auch bei der Industriearchäologie immer sehr große Funde an wie Loren, Schienenstränge oder auch der Unterbau eines 20-Zentner-Hammers aus dem Hammerwerk.

Ebenfalls unter das Stichwort Industriearchäologie könnte ein Fundort in Colorado, USA fallen. Auch dort befanden sich ausgedehnte Kohlefelder, die noch im 20. Jahrhundert abgebaut wurden. Schlechte Arbeitsbedingungen und ungerechte Bezahlung führten 1914 zu einem Streik. Daraufhin mussten die Arbeiter die werkseigenen Wohnungen verlassen und errichteten eine Zeltstadt bei Ludlow. Um ein Streikende zu erzwingen, griff die Nationalgarde die Zeltstadt an bzw. tötete einige Menschen, die nicht fliehen konnten, und brannte die Zelte nieder. Das Ereignis ist heute als Massaker von Ludlow bekannt. Bei Ausgrabungen sind Überreste der Zelte bzw. deren Standorte und zugehörige Funde freigelegt worden. Dabei offenbarte sich auch die schlichte Bewaffnung der Arbeiter, die der deutlich besser ausgestatteten Nationalgarde unterlegen war. Weitere Funde sind auch in Zusammenhang mit der Arbeit in den Kohlegruben zu sehen, beispielhaft seien Minenlampen angeführt, hinzu kommen die zu erwartenden Alltagsgegenstände. Inschriften und religiöse Objekte geben Hinweise, dass in einem der ausgegrabenen Zeltplätze italienische Katholiken gelebt hatten.

Darüber hinaus sind im amerikanischen Raum erste archäologische Projekte an zeitgenössischen Müllhalden durchgeführt worden. Müll kann als der nicht weiter verwertete Rest jener Dinge angesprochen werden, die wir persönlich verwenden. Täglich fällt Müll an, sei es das Papier unfertiger und überarbeiteter Manuskripte, Zeitungen vom Vortag, Lebensmittelverpackungen aus unterschiedlichen Materialien, Lebensmittelreste, defekte oder nicht mehr brauchbare Geräte aller Art. Die Liste ließe sich beliebig verlängern, und ein Blick in unseren Abfalleimer zeigt die tägliche Menge an. Eine Analyse dieses Wegwerfverhaltens bzw. des Mülls selbst lässt vielfältige Aussagen über uns und unseren Lebensstil zu. Seit 1973 werden im so genannten Tucson Garbage Project Müllhalden untersucht. Stets wurden die Arbeiten auch durch Bürgerbefragungen begleitet, um die Selbsteinschätzung mit dem Ergebnis des Abfalls zu vergleichen. Die spezifischen Fragen betrafen z. B. den Alkoholkonsum, der in der Regel – wie erwartet – viel zu niedrig eingeschätzt worden ist. Weitere Themen waren der Umgang mit Sondermüll und gefährlichen Stoffen, die lokalen Unterschiede im Wegwerfverhalten in verschiedenen Stadtteilen oder Städten insgesamt, die Müllmenge bezüglich Lebensmittel und die daraus abzuleitenden Rückschlüsse auf den Einkauf und die Verarbeitung von frischen Lebensmitteln, wobei kaum Verpackung anfällt, oder den Erwerb von Fertiggerichten (Fast Food), der deutlich mehr Müll produziert, einschließlich größerer Mengen unverbrauchter Lebensmittel. Ein wichtiges Ergebnis war zudem die Feststellung, dass in den 1970er-Jahren Papier bis zu 50 % des Mülls ausmachte. Die Veröffentlichung und Aufmerksamkeit des Projekts führte so auch zu einem veränderten Verhalten und letztendlich zur Mülltrennung, zum Recycling. Heute ist es für uns selbstverständlich, dass Papier gesondert eingesammelt und als Rohstoff für neue Papiersorten weiterverwendet wird.

Die Liste der Forschungsthemen aus dem 20. Jahrhundert ließe sich fortsetzen, soll hier aber nur kurz angerissen werden. Die materiellen Überreste eines sehr symbolbehafteten Orts wurden untersucht, das Gefängnis auf Robben Island (Südafrika), das seit 1999 zum Welterbe der UNESCO gehört und in dem Nelson Mandela von 1964 bis 1982 gefangen gehalten worden war.

Elementar für die Geschichte von Großbritannien und Irland sind die Relikte des jahrzehntelangen Konflikts um die nordirische Provinz Ulster. Im Museum in Derry werden Kleidungsreste und andere Gegenstände von den Opfern der gewalttätigen Auseinandersetzungen verwahrt. Einschusslöcher und Blutspuren auf den Textilien führen das Ausmaß der Kämpfe vor Augen. Auch das Hochsicherheitsgefängnis von Maze (HM Prison Maze), wo zwischen 1971 und 2000 zahlreiche Menschen aufgrund terroristischer Verbrechen im Nordirlandkonflikt inhaftiert waren, gilt als materielles Zeugnis der Konfrontationen. Teilweise ist das Gefängnis inzwischen abgetragen worden, gemeinsam mit schriftlichen und mündlichen Quellen werden die Überreste kontextualisiert und als Erinnerung an den Konflikt bewahrt.

Andere Untersuchungsobjekte wie aufgelassene oder verlassene Sozialbauwohnungen, zu verschrottende Fahrzeuge oder Hippie-Campingplätze bringen einerseits Erkenntnisse zu Lebens- und Nutzungsweisen der Besitzer, können aber auch als methodologische Studien von dinglichen Quellen gewertet werden.

Dicht beim Dorf Grießen in der Niederlausitz werden die 8 bis 12 m mächtigen Kohleflöze abgebaut. Das Dorf selbst ist nicht gefährdet, doch durch die weithin sichtbare Tagebaugrube, das Kraftwerk und die Abbaumaschinen ist der Tagebau immer präsent. Lediglich ein Grünschutzgürtel gewährt ein wenig Abstand.

Archäologie und Erinnerungskultur

Erinnerung ist zunächst etwas ganz Persönliches, Intimes und Individuelles. Wir erinnern uns an die schönen oder auch weniger schönen Ereignisse und Erfahrungen in unserem Leben. Besondere Begebenheiten in der Familie, im Freundeskreis oder bei der Arbeit, manchmal auch triviale Erlebnisse bleiben uns im Gedächtnis. Später rufen Gespräche, Gegenstände oder Bilder die Erinnerung wieder hervor und oft verbinden wir diese mit einem bestimmten Ort.

Wichtige Vorfälle, die eine breite Öffentlichkeit betreffen, seien es politische bzw. gesellschaftliche Ereignisse oder Naturkatastrophen, werden uns über Nachrichten, via Internet, Radio, Fernsehen, Zeitungen oder andere Medien übermittelt. In der Regel haben wir diese Dinge zwar nicht selbst miterlebt, doch die detaillierten und vielfältigen Informationen lassen uns daran trotzdem intensiv teilhaben. Die Geschehnisse werden in das Gedächtnis vieler Menschen eingeschrieben, sie werden Teil einer kollektiven Erinnerung, eines kollektiven Gedächtnisses, der Ort wird zu einem Erinnerungsort. Der Mauerfall am 9. November 1989 in Berlin oder die Terroranschläge im September 2001 in New York City waren jeweils wochenlang beherrschendes Thema in den Medien, sodass sie vorläufig nicht in Vergessenheit geraten konnten. Weltweit nehmen die Menschen immer wieder aufs Neue daran Anteil. Für die Terroranschläge ist der Ort des Geschehens leicht festzumachen: New York City, die Südspitze von Manhattan. Bei der Berliner Mauer mit einer ehemaligen Länge von über 160 km ist der Bezugspunkt schwieriger zu fassen. Einige an speziellen Stellen errichtete Gedenkstätten wurden auf diese Weise zu stellvertretenden Erinnerungsorten für einen ganzen Großraum.

Für vergangene Epochen ist dies schwieriger. Die Erinnerungskultur hängt von der Pflege der Überlieferung und Weiterführung der Traditionen ab. Möglich ist außerdem, dass eine Erinnerungskultur konstruiert und entsprechende Erinnerungsorte geschaffen und aufrecht erhalten werden. Urgeschichtliche Fundplätze etwa aus der Hallstatt- oder Latènezeit gelten beispielsweise in manchen europäischen Regionen als Zeugen einer nun über 2000-jährigen keltischen Tradition. Römische und spätantike Orte werden gerne und sicherlich nicht zu Unrecht als Ursprung der abendländischen Kultur betrachtet, auch wenn die Entwicklungslinien bis in die Moderne nicht immer klar und kontinuierlich zu fassen und auch von Brüchen begleitet sind.

Von bedeutsamen mittelalterlichen oder frühneuzeitlichen Stätten, an denen »Geschichte geschrieben wurde«, kann ebenfalls ein enger Bezug zu unserer heutigen Lebenswelt hergestellt werden. Durch stets wiederkehrende Erwähnung und Tradierung erhalten diese Episoden hohe Relevanz in der kollektiven Erinnerung und können Teil des kulturellen Gedächtnisses werden. Dabei kommt es nicht mehr auf detaillierte Kenntnisse aller Einzelheiten an, sondern die Ereignisse werden vereinfacht, teilweise sogar mythisiert. Eine solche andauernde, bewusst gesteuerte Zitierung und gepflegte Tradition wird wiederum mit bestimmten Plätzen verbunden, die zu Erinnerungsorten werden. Sie können sich zu identitätsstiftenden Orten entwickeln, wenn sie fundamental und sinngebend für die Geschichte einer Nation sind. So manifestieren sich im privaten Umfeld, aber auch bei großen Gruppen und Gesellschaften Orte, die mit individuellen oder kollektiven Erinnerungen verknüpft sind und die das Gemeinschafts- und Zusammengehörigkeitsgefühl nachhaltig stärken und festigen.

Wichtig in dieser Hinsicht ist das Zusammenspiel von Archäologie und Erinnerungsort. Inzwischen ist die Archäologie häufig in die zugehörigen Konzepte eingebunden. Ausgrabungen bzw. konservierte und eventuell rekonstruierte Komplexe helfen, diese Orte und ihre spezifische Geschichte anschaulich zu präsentieren. Objekte können zusätzliche Informationen enthalten und gezeigt werden. Dies gilt für prähistorische Fundstätten in gleicher Weise wie für zeitgeschichtliche.

Mitunter ist es zudem möglich, dass nicht nur geografische Punkte Erinnerungsorte darstellen, wie es der französische Historiker Pierre Nora (»Lieu de mémoire«) bezeichnet hat. Auch relevante Geschehnisse ohne festen Ortsbezug, also Personen, Literatur oder Kunstobjekte, können einen solchen Status erlangen. In Museen, d. h. an bewusst ausgewählten Orten, werden solche Kapitel kollektiver Erinnerung der Öffentlichkeit präsentiert.

Für die deutsche Geschichte ist sicherlich das Brandenburger Tor oder der Berliner Reichstag ein solcher Erinnerungsort, in Österreich steht dafür der

Heldenplatz in Wien. Auf beiden Plätzen fanden im Laufe der Zeit zahlreiche Ereignisse statt, die sowohl zu den glücklichen, aber auch zu den dunklen Momenten der jeweiligen Nation gehören. Beide werden immer wieder gezielt für zentrale Veranstaltungen aufgesucht. In jedem Fall verbinden wir diese Orte mit unserer eigenen Vergangenheit, sie können daher für Gesellschaften, Kulturen und Nationen identitätsstiftend sein.

Jedoch gibt es auch zahlreiche negativ konnotierte Stätten, Plätze von Niederlagen und Leid. Sicherlich fällt es schwer, diese als Teil der Geschichte zu akzeptieren, erinnert man sich doch lieber an erfolgreiche und glückliche Momente. Jedoch können und dürfen die dunklen Episoden nicht ausgeblendet werden und sollten in einem umfassenden geschichtlichen Ansatz angenommen werden. Konzentrationslager, Gebäude der Gestapo oder das heute als »Topographie des Terrors« bekannte Reichssicherheitshauptamt in Berlin wurden in Deutschland oder Österreich lange aus dem kulturellen Gedächtnis gestrichen. Sie waren als »böse« oder »traumatisierte

Orte« bzw. »Mahnmale wider Willen« tabuisiert. Nach den Diskussionen der 1980er-Jahre, die eine bewusste Erinnerung an die Opfer des Nationalsozialismus und eine historische Beschäftigung mit dieser Zeit forderten, sind diese Plätze wieder in den Fokus gerückt und etliche neue Gedenkstätten errichtet worden. Damals fanden außerdem bereits erste Freilegungen auf dem Gelände des Reichssicherheitshauptamtes statt, und Bereiche des ehemaligen Zellentrakts und der Kellerräume wurden aufgedeckt. Es wurde offensichtlich, dass diese lange verschüttete Geschichte dicht unter dem Straßenpflaster liegt. Obwohl es sich sicherlich nicht um reguläre Ausgrabungen handelte, erregten sie dennoch viel Aufsehen und führten letztendlich auch zur großen weltweit bekannten Gedenkstätte »Topographie des Terrors«. Zusätzlich stehen hier noch etliche Überreste der Berliner Mauer, sodass auch dieser Aspekt thematisiert werden kann.

Wenige Jahre später folgten Untersuchungen in den ehemaligen Konzentrationslagern. Seither ist auch dieses schwere Erbe Teil der archäologischen

In Berlin treffen manchmal mehrere Erinnerungsorte und museale Präsentationen aufeinander. Praktisch über der Ausstellung im Freien zu Berlin zwischen 1933 bis 1945 (»Topographie des Terrors«) befinden sich noch etliche im Originalverbund stehende Elemente der Berliner Mauer.

Forschung. Die Aufdeckungen offenbarten für alle leicht sichtbar die Hinterlassenschaften der Nationalsozialisten, was – wie dargestellt – oft ein wichtiges Ziel der Archäologen gewesen ist. Sie machten die steinernen Zeugnisse am lange vergessenen Ort des Geschehens wieder erfahrbar. Zahlreiche andere Informationsangebote verdeutlichen vielfältige weitere Fakten und Gegebenheiten der Zeit. Für Deutschland und die Deutschen sind die ehemaligen Lager mit einer traumatischen Zeit verbunden, die viel Leid über die Welt brachte. Doch Deutschland hat dieses Erbe angenommen und weiß um seine Verpflichtung, sich diesem Teil seiner Vergangenheit zu stellen. So wird der Erinnerungsort zum Mahnmal.

Für Länder wie Polen, das sicherlich während des Zweiten Weltkriegs eines der Hauptopfer der Nationalsozialisten überhaupt war, haben die ehemaligen Vernichtungslager eine andere Bedeutung. Ohne Zweifel sind es zunächst Orte von Niederlage, Verlust, Exodus. Aber am Ende des Kriegs standen sie zugleich für die Befreiung von der nationalsozialistischen Diktatur. Dieser Wandel in der symbolischen Bedeutung von einem Ort der Unterdrückung und Erniedrigung zu einem Platz des Widerstands und des Überlebens war identitätsstiftend und führte zu einer Neubewertung. Auch hier schufen die Ausgrabungen Orte bzw. legten Befunde offen, damit ein Gedenken stattfinden kann.

Ähnliche Entwicklungen sind für andere Regionen der Welt festzustellen. Als Beispiel kann die USS Arizona dienen, die am 7. Dezember 1941 von den Japanern beim Angriff auf Pearl Harbor (Hawaii) versenkt wurde. Noch immer liegt das Wrack auf dem Grund des Meeres im Hafen. Es wurde untersucht, vermessen und exakt gezeichnet (s. S. 15). Die Fundstelle ist ein eingetragenes Nationaldenkmal, und quer über dem Wrack wurde ein Museum eingerichtet. Der Ort steht als Symbol für die erste Niederlage der US-Amerikaner im Zweiten Weltkrieg, aber auch für die Überwindung und den letztendlichen Sieg gemeinsam mit den alliierten Mächten. Dadurch wird die USS Arizona von einem Ort der Niederlage zu einem positiv konnotierten Platz, zum identitätsstiftenden kulturellen Erbe.

Oben wurde bereits über das Gedenkstättenkonzept der Berliner Mauer berichtet. Die archäologischen Befunde an der Bernauer Straße sind fester Bestandteil der dortigen Erinnerungsstätte. Am Brandenburger Tor hingegen, vor dem die Mauer verlief und das 40 Jahre lang geschlossen war, sind abgesehen von der schmalen Doppelpflastersteinreihe keine Spuren mehr zu sehen. Die Berliner Mauer selbst, als ein Symbol der Trennung, ist dort nicht Gegenstand der Erinnerung. Vielmehr steht das Brandenburger Tor heute für die deutsche Wiedervereinigung und ist Ort für Veranstaltungen mit positivem Sinngehalt. Während des Kalten Kriegs wurden hier häufig Demonstrationen gegen die Berliner Mauer abgehalten. Zum Beispiel hat der damalige US-Präsident Ronald Reagan zwei Jahre vor Maueröffnung am 12. Juni 1987 auf der Westseite des Platzes eine Ansprache gehalten und gefordert: »Mr. Gorbatschow, öffnen Sie das Tor! Mr. Gorbatschow, reißen Sie die Mauer ab!« (Ronald Reagan, 7. Juni 1987 in Berlin). So werden unterschiedliche Punkte der Teilung für die kollektive Erinnerung an die deutsche Geschichte bewusst gewählt und durch entsprechende Gedenkfeiern manifestiert.

Wir müssen uns auch darüber bewusst sein, dass identitätsstiftende Erinnerungsorte zielgerichtet in unserem Gedächtnis erhalten bleiben. Stetes öffentliches Andenken fördert diesen Prozess, und sowohl Archäologie also auch Baudenkmalpflege tragen dazu bei. Möglich ist aber zugleich, dass Orte, die früher für die Geschichte wichtig waren, an Bedeutung verlieren bzw. Plätze, die eine Zeitlang keine große Rele-

Die bei Pearl Habor versenkte USS Arizona ist ein nationales Denkmal. Über dem Wrack wurde eine Gedenkstätte errichtet.

Vom Lager Westerbork wurden niederländische Juden nach Auschwitz deportiert. Am Weg zwischen Museum und ehemaligem Lager stehen zahlreiche Stelen, auf denen das Datum und die Anzahl der Deportierten vermerkt ist.

vanz hatten, wieder in das kollektive Gedächtnis zurückgeholt und zu nationalen Denkmälern werden.

Seit den 1990er-Jahren können archäologische Aktivitäten Teil der politischen Bildung sein und entsprechend genutzt werden. So finden z. B. mehrwöchige Jugendworkcamps in deutschen und polnischen Gedenkstätten der Konzentrationslager statt, bei denen über die nationalsozialistischen Terrorstrategien aufgeklärt wird. Man hofft, dass die intensive Arbeit mit jungen Menschen eine nachhaltigere Wirkung erzielt als die relativ kurzen Aufenthalte mit Vorträgen und Rundgängen im Gelände. Diese Workcamps sind zugleich eine Reaktion auf die Tatsache, dass es inzwischen kaum noch Überlebende gibt, die früher von ihren schrecklichen Erfahrungen berichten konnten.

Sicherlich haben die Gedenkstätten mit ihren sauberen, weiten und offenen Flächen und nur noch relativ wenigen Gebäuden nichts mit den ehemaligen Konzentrationslagern zu tun, in denen Tausende Inhaftierte unter menschenunwürdigen Bedingungen zu überleben versuchten, die eng mit stets völlig überbelegten Baracken bebaut waren, in denen Angst vor Terror und Tod allgegenwärtig war. Heutige Besuche sind mit dem Ziel verbunden, etwas über das ehemalige Konzentrationslager und den nationalsozialistischen Terror zu lernen, anschließend können wir diesen Platz wieder verlassen. Doch ohne Zweifel bieten die freigelegten steinernen Zeugnisse einen unmittelbareren Zugang zu solchem Wissen als andere Medien am historischen Ort. Trotzdem ist es schwierig, die Gedenkstätten als authentische Orte zu bezeichnen. Unsere Wahrnehmung kann nicht mit den Verhältnissen der Gefangenen in Bezug gesetzt werden.

Zeitgeschichtliche Archäologie, die das 20. Jahrhundert in den Fokus stellt und das archäologische Erbe der letzten 100 Jahre analysiert, ist also eng mit Orten der Erinnerung und der Erinnerungskultur verknüpft. Die Ausgrabungen decken Tatorte auf und machen historische Plätze sicht- und erfahrbar. Durch die Auswertung der Funde und Befunde werden die Menschen und ihre Handlungen in Bezug zu ihrem persönlichen Umfeld und großen politischen Ereignissen gesetzt. Den beiden Weltkriegen und dem Kalten Krieg kommt dabei sicherlich besondere Bedeutung zu, aber auch eine Erinnerung an den Bergbau und die Stahlindustrie im Ruhrgebiet ist wesentlich für die dortige Bevölkerung.

So beschränkt sich unser archäologisches Erbe nicht nur auf prähistorische oder mittelalterliche Orte. Es schließt Denkmäler der jüngeren Vergangenheit mit ein, die zu einer schweren, belasteten Hinterlassenschaft gehören. In Deutschland und Österreich, aber auch in vielen anderen Ländern erkennen die staatlichen Denkmalpflegebehörden oder Forschungsinstitute die außerordentliche Bedeutung dieser Fundorte für die Geschichte Europas im 20. Jahrhundert an und behandeln sie zunehmend mit der gleichen Aufmerksamkeit wie ältere Fundplätze. Es finden interdisziplinäre Forschungen mit anderen historischen, kulturgeschichtlichen oder museologischen Disziplinen statt. So lassen sich wertvolle Einblicke in die Struktur der Lager, der Verbrechen und des Alltags gewinnen und neue Facetten an diesen Plätzen aufzeigen. Mithilfe der Archäologie können die Gedenkorte, Erinnerungsstätten und Museen zu Lernorten für Toleranz und Menschenrechte werden und über die Unmenschlichkeit des Nationalsozialismus oder totalitäre, diktatorische Regimes aufklären. Es kann auf den dort verübten Terror hingewiesen und die besondere Bedeutung der Demokratie herausgestellt werden. Eine zeitgeschichtliche Archäologie übernimmt damit auch wesentliche gesellschaftliche Aufgaben.

Vor dem Hauptlager in Mauthausen befanden sich die Verwaltungsbaracken der SS. In der Nachkriegszeit ist an dieser Stelle ein Denkmalpark entstanden. Zahlreiche Nationen gedenken hier ihrer Opfer, auf dem tschechischslowakischen Denkmal ist zweisprachig zu lesen: Menschen seid wachsam.

Anhang

Auswahl der Gedenkstätten und Museen

(siehe auch: www.gedenkstaetten-uebersicht.de oder www.memorialmuseums.org)

Erster Weltkrieg

Belgien

In Flanders Fields Museum, Sint-Maartensplein 3, 8900 Ypern; www.inflandersfields.be

Frankreich

Historial de la Grande Guerre (Museum des Ersten Welt-kriegs/1914–1918), Château de Péronne, B. P. 20063, 80201 Péronne Cedex; www.historial.org

Mémorial de Verdun, 1, avenue du Corps Européen, 55100 Fleury-Devant-Douaumont; www.memorialde-verdun.fr

Musée de la Grande Guerre du Pays de Meaux, Route de Varreddes, 77100 Meaux; www.museedelagrandeguerre.eu

Großbritannien

Imperial War Museum London, Lambeth Road, London SE16HZ; ww.iwm.org.uk

Italien

Museo Storico Italiano della Guerra (Kriegs-museum Rovereto), via Castelbarco 7, 38068 Rovereto; www.museodellaguerra.it

Österreich

MUSEUM 1915–1918, Kötschach 390, 9640 Kötschach; www.dolomitenfreunde.at

Zahlreiche Museen in Flan-dern thematisieren den Ersten Weltkrieg und das Leben der Soldaten im Krieg.

NS-Regime und Zweiter Weltkrieg

Belgien

Nationaal Gedenkteken Fort Breendonk, Brandstraat 57, 2830 Willebroek; www.breendonk.be/

Musée de la Résistance et des Camps de concentration, Chaussée Napoléon, 4500 Huy; www.fortdehuy.be

Kazerne Dossin, Gedenkstätte Museum und Doku-mentationszentrum Holocaust und Menschenrechte, Goswin de Stassartstraat 153, 2800 Mecheln; www.kazernedossin.eu

Kriegsgräberfriedhöfe mit weißen Kreuzen sind in Flan-dern allgegenwärtig und erin-nern stets an die vielen Opfer des Ersten Weltkriegs, wie hier mit dem Denkmal am Douaumont bei Verdun.

Dänemark

Frøslevlejrens Museum, Lejrvej 83, 6330 Frøslev; www.froeslevlejrensmuseum.dk

Deutschland

Baden-Württemberg

Gedenkstätte Grafeneck, Grafeneck 3, 72532 Gomadingen; www.gedenkstaette-grafeneck.de

Dokumentations- und Kulturzentrum deutscher Sinti und Roma, Bremeneckgasse 2, 69117 Heidelberg; www.sintiundroma.de/zentrum/ausstellungen/heidelberg.html

Bayern

KZ-Gedenkstätte Dachau, Alte Römerstraße 75, 85221 Dachau; www.kz-gedenkstaette-dachau.de

KZ-Gedenkstätte Flossenbürg, Gedächtnisallee 5, 92696 Flossenbürg; www.gedenkstaette-flossenbuerg.de

Berlin

Dokumentationszentrum Topographie des Terrors, Niederkirchnerstraße 8, 10963 Berlin; www.topographie.de

Dokumentationszentrum NS-Zwangsarbeit Berlin, Britzer Straße 5, 12439 Berlin; www.dz-ns-zwangsarbeit.de

Denkmal für die ermordeten Juden Europas und Ort der Information (Holocaustdenkmal), Cora-Berliner-Straße 1, 10117 Berlin; www.stiftung-denkmal.de

Brandenburg

Gedenkstätte und Museum Sachsenhausen, Straße der Nationen 22, 16515 Oranienburg; www.stiftung-bg.de

Mahn- und Gedenkstätte Ravensbrück, Straße der Nationen, 16798 Fürstenberg/Havel; www.ravensbrueck.de

Hamburg

KZ-Gedenkstätte Neuengamme, Jean-Dolidier-Weg 75, 21039 Hamburg; www.kz-gedenkstaette-neuengamme.de

Niedersachsen

Gedenkstätte Bergen-Belsen, Anne-Frank-Platz, 29303 Lohheide; http://bergen-belsen.stiftung-ng.de

Stiftung Gedenkstätte Esterwegen, Hinterm Busch 1, 26897 Esterwegen; www.gedenkstaette-esterwegen.de

Nordrhein-Westfalen

NS-Dokumentationszentrum der Stadt Köln, Appellhofplatz 23–25, 50667 Köln; www.museenkoeln.de/ns-dokumentationszentrum

Rheinland-Pfalz

NS-Dokumentationszentrum Rheinland-Pfalz, Gedenkstätte KZ Osthofen, Ziegelhüttenweg 38, 67574 Osthofen; www.gedenkstaette-osthofen-rlp.de

Sachsen

Gedenkstätte Pirna-Sonnenstein, Schlosspark 11, 01796 Pirna; www.stsg.de/cms/pirna/startseite

Thüringen

Gedenkstätte Buchenwald, 99427 Weimar; www.buchenwald.de

KZ-Gedenkstätte Mittelbau-Dora, Besucherinformation, Kohnsteinweg 20, 99734 Nordhausen; www.buchenwald.de

Frankreich

Le Centre Européen du Résistant Déporté et le Musée du Struthof (KZ-Gedenkstätte und Museum Natzweiler-Struthof); www.struthof.fr

Mémorial de l'internement et de la déportation Camp de Royallieu (Gedenkstätte der Internierung und Deportation), 2 bis, avenue des Martyrs de la Liberté, 60200 Compiègne; www.memorial-compiegne.fr

Blick durch die Mauer auf Turm A des Konzentrationslagers Sachsenhausen.

Mémorial de la Shoah – Musée, Centre de documentation, 17, rue Geoffroy l'Asnier, 75004 Paris; www.memorialdelashoah.org

Centre de la Mémoire Oradour-sur Glane village martyr (Gedenkstätte Oradour), 87520 Oradour-sur-Glane; www.oradour.org

Site-Mémorial du Camp des Milles (Gedenkstätte Lager Les Milles), 40, chemin de la Badesse, 13547 Aix-en-Provence; www.campdesmilles.org

Großbritannien

Imperial War Museum, Lambeth Road, London SE16HZ; www.iwm.org.uk

Italien

Museo della deportazione e centro di documentazione della deportazione e della resistenza (Museum und Dokumentationszentrum der Deportation und des Widerstands), Via di Cantagallo 250, 59100 Prato; www.museodelladeportazione.it

Kroatien

Spomen Područje Jasenovac Memorial Site (Gedenkstätte und Museum Jasenovac), Braće Radić 147, 44324 Jasenovac; www.jusp-jasenovac.hr

Lettland

Rīgas geto un Latvijas Holokausta muzejs (Riga Ghetto and Lativan Holocaust museum), Maskavas 14a, Rīga; www.rgm.lv

Litauen

Valstybinis Vilniaus Gaono žydų muziejus (The Vilna Gaon Jewish State Museum), Naugarduko gatvė 10/2, 01114 Vilnius; www.jmuseum.lt

Luxembourg

Mémorial de la Déportation Gare Hollerich (Deportationsdenkmal und Museum Bahnhof Hollerich), 3 A, rue de la Déportation, 1415 Luxembourg; www.musees.lu/de/2/bid,196394

Niederlande

Herinneringscentrum Kamp Westerbork (Erinnerungszentrum Lager Westerbork), Oosthalen 8, 9414 TG Hooghalen; www.kampwesterbork.nl

Nationaal Monument Kamp Amersfoort (Nationaldenkmal Lager Amersfoort), Loes van Overeemlaan 19, 3832 RZ Amersfoort; www.kampamersfoort.nl

Nationaal Monument Kamp Vught (Nationale Gedenkstätte Lager Vught), Lunettenlaan 600, 5263 NT Vught; www.nmkampvught.nl

Norwegen

The Falstadsenteret – Minnested og senter for menneskerettigheter (Falstad-Zentrum – Gedenkstätte und Menschenrechtszentrum), 7624 Ekne; falstadsenteret.no

Österreich

Lern- und Gedenkort Schloss Hartheim, Schlossstraße 1, 4072 Alkoven; www.schloss-hartheim.at

Zeitgeschichte Museum und KZ-Gedenkstätte Ebensee, Kirchengasse 5, 4802 Ebensee; www.memorial-ebensee.at

Mauthausen Memorial KZ-Gedenkstätte Mauthausen, Erinnerungsstraße 1, 4310 Mauthausen; www.mauthausen-memorial.at

KZ-Gedenkstätte Gusen, Georgestraße 6, 4222 Langenstein/Oberösterreich; www.gusen-memorial.at

Auf dem Areal, auf dem die SS-Baracken in Mauthausen standen, sind zahlreiche Denkmäler im Laufe der Zeit errichtet worden, durch die der Opfer vieler Nationen gedacht wird. Im Hintergrund ist das Denkmal von Israel zu sehen. Durch diesen Denkmalpark führt der Weg zur so genannten Todesstiege zum Steinbruch.

An der Gedenkstätte der Berliner Mauer in der Bernauer Straße wurden an Stellen, an denen keine Mauersegmente mehr stehen, eng stehende Metallstäbe errichtet.

In den Häftlingsbaracken der Gedenkstätten (hier Auschwitz-Birkenau) stehen die kargen Bettgestelle, so erhalten die Besucher einen kleinen Eindruck von der Ausstattung zur NS-Zeit.

Polen

Muzeum-Miejsce Pamięci w Bełżcu (Museum-Gedenkstätte in Belzec), Ul. Ofiar obozu 4, 22–670 Bełżec; www.belzec.eu

Muzeum Byłego Obozu Zagłady w Sobiborze (Gedenkstätte des ehemaligen Vernichtungslagers in Sobibor), Stacja Kolejowa 1, 22–200 Sobibór; www.sobibor-memorial.eu

Muzeum byłego niemieckiego Obozu Zagłady Kulmhof w Chełmnie nad Nerem (Museum des ehemaligen Vernichtungslagers Kulmhof), 62–663 Chełmno; www.muzeum.com.pl/en/chelmno.htm

Państwowe Muzeum na Majdanku (Staatliches Museum in Majdanek), ul. Droga Męczenników Majdanka 67, 20–325 Lublin; www.majdanek.pl

Państwowe Muzeum Auschwitz-Birkenau (Staatliches Museum Auschwitz-Birkenau), ul. Więźniów Oświęcimia 20, 32–603 Oświęcim; www.auschwitz.org.pl

Muzeum Walki i Męczeństwa w Treblince (Museum des Kampfes und des Martyriums in Treblinka), Kosów Lacki, 08–330 Treblinka; www.treblinka.bho.pl

Muzeum Gross-Rosen w Rogoźnicy (Museum Groß-Rosen), Rogoźnica, 58–150 Rogoźnica; www.gross-rosen.eu

Muzeum Stutthof w Sztutowie (Gedenkstätte und Museum Stutthof), ul. Muzealna 6, 82–110 Sztutowo; www.stutthof.org

Muzeum Katyńskie (Katyn-Museum) Aleje Jerozolimskie 3, 00–495 Warszawa; www.muzeumkatynskie.pl

Russische Föderation

Memorial »Katyn« (Gedenkstätte Katyn), Katyn; 214522 Katyn; www.katyn-memorial.ru

Slowenien

Spominski park taborišča Mauthausen-Ljubelj (Gedenkstätte Loibl-Süd), Loiblpassstraße, Podljubelj

Tschechische Republik

Památník Terezín (Gedenkstätte Theresienstadt), Principova alej 304, 41 155 Terezín; www.pamatnik-terezin.cz

Ungarn

Holokauszt Emlékközpont (Holocaust-Gedenkzentrum Budapest), Páva utca 39, 1094 Budapest

Weißrussland

Дзяржаўны мемарыяльны комплекс «Хатынь» (The memorial complex »Khatyn«), Logojskij Kreis, Minskaja Gebiet; 223110 Chatyn; www.khatyn.by

Kalter Krieg

Deutschland

BlackBox Kalter Krieg, Friedrichstraße 47/Ecke Zimmerstraße, 10117 Berlin; www.bfgg.de/zentrum-kalter-krieg/blackbox-kalter-krieg.html

Gedenkstätte Berliner Mauer, Bernauer Straße 119, 13355 Berlin; www.berliner-mauer-gedenkstaette.de

Gedenkstätte Bautzen, Weigangstraße 8a, 02625 Bautzen; www.stsg.de/cms/bautzen/startseite

Museum »Sowjetisches Speziallager Nr. 7/Nr. 1 (1945–1950) in Sachsenhausen«, (siehe Gedenkstätte und Museum Sachsenhausen)

Literatur

Beginn und Entwicklung einer zeitgeschichtlichen Archäologie

A. Andrén, Between Artefacts and Texts. Historical Archaeology in Global perspective (New York, London 1998).

A. Andrén, Archaeology of a densley documented time. In: B. Scholkmann et al., Zwischen Tradition und Wandel. Archäologie des 15. und 16. Jahrhunderts. Tübinger Forschungen zur historischen Archäologie 3 (Büchenbach 2009) 3–6.

A. Baeriswyl, Wo ist die Höhe Null? Über die angebliche Grenze zwischen Bauforschung und Bodenarchäologie. In: D. Schumann (Hrsg.), Bauforschung und Archäologie, Stadt und Siedlungsentwicklung im Spiegel der Baustrukturen (Berlin 2000) 21–31.

V. Buchli/G. Lucas (Hrsg.), Archaeologies of the contemporary Past (London 2001).

P. Graves-Brown/R. Harrison/A. Piccini (Hrsg.), The Oxford Handbook of the Contemporary World (Oxford 2013).

J. Dixon, Is the Present Day Post-Medieval? Post-Medieval Archaeology 45(2), 313–322.

W. Falch, Aviation Archaeology in the Alps. In: N. Mehler (Hrsg.), Historical Archaeology in Central Europe. Society for Historical Archaeology. Special Publication Number 10 (Rockville 2013) 325–335.

E. Hobsbawm, Das Zeitalter der Extreme. Weltgeschichte des 20. Jahrhunderts (München 1998).

Rodney Harrison/John Schofield, After modernity. Archaeological approaches to the contemporary past (Oxford 2009).

J. Kunow, Zu den Aufgaben und Zielen der Bodendenkmalpflege bei Objekten aus unserer jüngsten Vergangenheit. Fallbeispiele des 20. Jahrhunderts aus dem Land Brandenburg. Archäologisches Nachrichtenblatt 1, 1996, 315–326.

B. J. Little, Historical Archaeology. Why the Past matters (Walnut Creek 2007).

N. Mehler (Hrsg.), Historical Archaeology in Central Europe. Society for Historical Archaeology. Special Publication Number 10 (Rockville 2013).

U. Müller, Die Archäologie des Mittelalters und der Neuzeit im Gefüge der historischen Archäologie. In: K. Ridder/S. Patzold (Hrsg.), Die Aktualität der Vormoderne (Berlin 2013) 67–98.

R. S. Neyland, Underwater Archaeology of the World Wars. In: The Oxford Handbook of Maritime Archaeology (Oxford 2011) 708–733.

H. von Petrikovits, Vorwort. In: Kirche und Burg in der Archäologie des Rheinlandes. Kunst und Altertum am Rhein. Führer Rheinisches Landesmuseum Bonn 8 (Düsseldorf 1962).

B. Scholkmann, Die Tyrannei der Schriftquellen? Überlegungen zum Verhältnis materieller und schriftlicher Überlieferung in der Mittelalterarchäologie. In: M. Heinz/M. K. H. Eggert/U. Veit (Hrsg.), Zwischen Erklären und Verstehen? Beiträge zu den erkenntnistheoretischen Grundlagen archäologischer Interpretation. Tübinger Archäologische Taschenbücher 2 (Münster 2003) 239–257.

B. Scholkmann, Das Mittelalter im Fokus der Archäologie. Archäologie in Deutschland, Sonderheft 2009 Plus (Stuttgart 2009).

R. Schreg, Archäologie der frühen Neuzeit. Der Beitrag der Archäologie angesichts zunehmender Schriftquellen. In: Archäologie der Frühen Neuzeit. Mitteilungen der deutschen Gesellschaft für Archäologie des Mittelalters und der Neuzeit 18, 2007, 9–20.

Cl. Theune, Zeitgeschichtliche Archäologie. Forschungen und Methoden. Fundberichte aus Österreich 51, 2012, 121–126.

Europäisches Übereinkommen zum Schutz des archäologischen Erbes (SEV.Nr. 143) http://conventions.coe.int/Treaty/Commun/QueVoulezVous.asp?CL=GER&CM=1&NT=143EU (Zugriff Oktober 2013).

Ausgrabungen und Funde 40, 1995/Archäologisches Nachrichtenblatt 1, 1996 (Tagung der Landesarchäologen).

Wort – Bild – Objekt: Drei Quellen und ihre Aussagemöglichkeiten

A. Appadurai (Hrsg.), The Social Life of Things. Commodities in Cultural Perspective (Cambridge 1986).

J. Attfield, Wild Things. The Material Culture of Everyday Life (Oxford, New York 2000).

J. Baberowski, Der Sinn der Geschichte. Geschichtstheorien von Hegel bis Foucault (München 2005).

D. Bachmann-Medick, Cultural turns. Neuorientierungen in der Kulturwissenschaft (Reinbek 2006).

A. Beyer (Hrsg.), Die Lesbarkeit der Kunst. Zur Geistes-Gegenwart der Ikonologie (Berlin 1992).

G. Boehm, Wie Bilder Sinn erzeugen. Die Macht des Zeigens (Berlin 2007).

Th. Brock/A. Homann, Schlachtfeldarchäologie. Auf den Spuren des Krieges. Archäologie in Deutschland, Sonderheft 2/2011 (Stuttgart 2011).

P. Burke, Augenzeugenschaft. Bilder als historische Quelle (Berlin 2003).

F. Büttner/A. Gottdang, Einführung in die Ikonographie. Wege zur Deutung von Bildinhalten (München 2006).

M. Cochran/M. Beaudry, Material Culture Studies and historical Archaeology. In: D. Hicks/M. Beaudry (Hrsg.), The Cambridge Companion to historical Archaeology (Cambridge 2006) 191–204.

W. David, Archäologische Ausgrabungen im ehemaligen Konzentrationslager Dachau (18.9.–6.10.2000). Vorbericht (München 2001). https://www.academia.edu/3249902/Archaologische_Ausgrabungen_im_ehemaligen_Konzentrationslager_Dachau_18.9.-_6.10.2000_ (Zugriff Januar 2014).

J. Deetz, In small things forgotten. The archaeology of early American life (New York 1977).

M. Dejnega/Cl. Theune, Das Sanitätslager in Wort, Bild und Objekt. Warum die Zusammenarbeit von HistorikerInnen und ArchäologInnen Sinn macht. In: A. Prenninger et al. (Hrsg.), Leben und Überleben in Mauthausen. Mauthausen überleben und erinnern 2 (in Druck).

H.-W. Goetz, Proseminar Geschichte. Mittelalter (Stuttgart 2006).

P. Hahn, Materielle Kultur. Eine Einführung (Berlin 2005).

T. Hamling/C. Richardson (Hrsg.), Everyday Objects: Medieval and Early Modern Material Culture and its Meanings (Farnham 2010).

M. Heinz/M. K. H. Eggert/U. Veit (Hrsg.), Zwischen Erklären und Verstehen? Beiträge zu den erkenntnistheoretischen Grundlagen archäologischer Interpretation. Tübinger Archäologische Taschenbücher 2 (Münster 2003).

B. Heitzmann, Archäologische Ausgrabungen in der KZ-Gedenkstätte Neuengamme. Hammaburg 15, 2010, 191–205.

D. Hicks/M. Beaudry (Hrsg.), The Oxford Handbook of Material Culture Studies. (Oxford 2010).

D. Hoffmann, Das Gedächtnis der Dinge. KZ-Relikte und KZ-Denkmäler 1945–1995 (Frankfurt a.M. 1998).

J. Jäger, Fotografie und Geschichte. Historische Einführungen 7 (Frankfurt/M., New York 2009).

C. Juwig/C. Kost (Hrsg.), Bilder in der Archäologie – eine Archäologie der Bilder? Tübinger Archäologische Taschenbücher 8 (Münster 2010).

G. König (Hrsg.), Alltagsdinge. Erkundungen einer materiellen Kultur. Tübinger kulturwissenschaftliche Gespräche 1 (Tübingen 2005).

W. Marotzki/H. Niesyto (Hrsg.), Bildinterpretation und Bildverstehen. Methodische Ansätze aus sozialwissenschaftlicher, kunst- und medienpädagogischer Perspektive (Wiesbaden 2006).

M. Maurer (Hrsg.), Aufriß der Historischen Wissenschaften. Band 4: Quellen (Ditzingen 2002).

E. Panofski, Ikonographie und Ikonologie. In: E. Kaemmerling (Hrsg.), Bildende Kunst als Zeichensystem. Ikonographie und Ikonologie, Band 1 Theorien – Entwicklung – Probleme (Köln 1994) 207–225.

Cl. Theune, Das Gedächtnis der Dinge. In: H. Berger et al. (Hrsg.), Politische Gewalt und Machtausübung im 20. Jahrhundert. Zeitgeschichte, Zeitgeschehen und Kontroversen. Festschrift für Gerhard Botz (Wien, Köln, Weimar 2011) 543–560.

U. Veit et al. (Hrsg.), Spuren und Botschaften. Interpretationen materieller Kultur. Tübinger Archäologische Taschenbücher 4 (Münster 2003).

J. Wendland, Bildgeschichten von Häftlingen der Konzentrations- und Vernichtungslager. Kontinuitäten und Wandel in Funktion, Ikonografie und Narration vor und nach 1945. In: Chr. Heß et al., Kontinuitäten und Brüche: neue Perspektiven auf die Geschichte der NS-Konzentrationslager. 15. Workshop zur Geschichte der Nationalsozialistischen Konzentrationslager 2008 in Oranienburg und Fürstenberg (Berlin 2008) 142–164.

I. Woodward, Understanding Material Culture (New York 2007).

Der Erste Weltkrieg

Conservation Bulletin 71, 2013, Titelthema: »The First World War«. http://crid1418.org/espace_scientifique/archeo/coll_archeo_suippes1.html (Zugriff November 2013).

V. Demuth, »Die das Schlachtfeld überlebten …« Archäologische Untersuchungen in einem Kriegsgefangenenlager des Ersten Weltkrieges bei Quedlinburg. In: H. Meller (Hrsg.), Schlachtfeldarchäologie – Battlefield Archaeology. 1. Mitteldeutscher Archäologentag 2008 in Halle (Saale) (Halle/Saale 2009) 259–267.

Y. Desfossés/A. Jacques/G. Prilaux, L'Archéologie de la Grande Guerre (Rennes 2008).

N. Faulkner/N. J. Saunders, Fire on the desert: conflict archaeology and the Great Arab Revolt in Jordan, 1916–18, Antiquity 324, 2010, 514–527.

W. Hoppe/W. Wegener, Stätten der Katastrophe. In: Archäologie in Deutschland 1/2014, 8–13.

P. Masters/B. Stichelbaut, From the Air to Beneath the Soil – Revealing and Mapping Great War Trenches at Ploegsteert (Comines-Warneton), Belgium, Archaeological Prospection 19, 4, 2009, 279–285.

I. McCartney, The Armoured Cruiser HMS Defence: a case-study in assessing the Royal Navy shipwrecks of the Battle of Jutland (1916) as an archaeological resource, The International Journal of Nautical Archaeology 41, 1, 2012, 56–66.

M. de Meyer/P. Pype, Scars of the Great War (Western Flanders, Belgium). In: D. Scott/L. Babits/C. Haecker (Hrsg.), Fields of Conflict – Battlefield Archaeology from the Roman Empire to the Korean War (London 2007) 359–382.

N. Saunders, Trench Art (Barnsley 2011).

N. Saunders, Killing Time. Archaeology and the First World War (Stroud 2007).

N. Saunders (Hrsg.), Matters of Conflict. Material Culture, Memory and the First World War (Oxford 2004).

N. Saunders, Excavating Memories. Archaeology and the Great War 1914–2001, Antiquity 76, 291, 2002, 101–108.

N. Saunders/N. Faulkner, Fire on the desert: conflict archaeology and the Great Arab Revolt in Jordan, 1916–18, Antiquity 87, 324, 2010, 514–527.

H. Stadler, Zeithistorische Archäologie. Osttirol und seine Nachbarn seit 1918. In: M. Kofler (Hrsg.), Spurensuche 3. Teil III. Randlage im Wandel; Osttirol 1850 bis zur Gegenwart (Innsbruck 2007) 30–37.

H. Stadler, Der Beitrag der Archäologie zur Geschichte des Ersten Weltkrieges in Westösterreich. In: Archeologia della Grande Guerra – Archaeology of the Great War. Atti del Convegno Internazionale – Proceedings of the International Conference 23/24.06.2006 Luserna, Trento (Trento 2011) 67–78.

B. Stichelbaut, The First Thirty Kilometres of the Western Front 1914–1918: an Aerial Archaeological Approach with Historical Remote Sensing Data, Archaeological Prospection 18, 1, 2011, 57–66.

B. Stichelbaut, The Application of Great War Aerial Photography in Battlefield Archaeology: The Example of Flanders, Journal of Conflict Archaeology, 1, 2005, 235–243.

R. Wilson, Landscapes of the Western Front. Materiality during the Great War (London 2011).

Der Zweite Weltkrieg

H. Amesberger/K. Auer/Br. Halbmayr, Sexualisierte Gewalt. Weibliche Erfahrungen in NS-Konzentrationslagern (Wien 2007).

M. Antkowiak, Erinnerungsarbeit und Erkenntnisgewinn. Die Konzentrationslager Ravensbrück und Sachsenhausen im Spiegel der Bodenfunde. Archäologie in Berlin und Brandenburg 2000, 149–151.

M. Antkowiak, Dokumentiert und konserviert – Ein Außenlager des Konzentrationslagers Sachsenhausen in Rathenow, Landkreis Havelland, Archäologie in Berlin und Brandenburg 2000, 147–148.

M. Antkowiak, Struktur eines Rüstungsbetriebes – Barackenlager in Kleinmachnow, Landkreis Potsdam-Mittelmark. Archäologie in Berlin und Brandenburg 2002, 165–171.

M. Antkowiak/A. Meyer, Grundlagen und Arbeitsweisen neuzeitlicher Archäologie am Beispiel des Jugendschutzlagers Uckermark. Veröffentlichungen zur Brandenburgischen Landesarchäologie 39/40, 2005/2006, 299–336.

M. Antkowiak/A. Meyer, Der wiederentdeckte Ort – archäologische Ausgrabungen in Uckermark. In: K. Limbächer/M. Merten/B. Pfefferle, Das Mädchenkonzentrationslager Uckermark (Münster 2000) 219–231.

G. Artner et al.: Archäologische Untersuchungen im ehemaligen Konzentrationslager von Mauthausen. In: Bundesministerium für Inneres (Hrsg.), Das Gedächtnis von Mauthausen (Wien 2004) 26–29.

U. Bauer (Hrsg.), Erinnerungsort Flakturm. Der ehemalige Leitturm im Wiener Arenbergpark (Wien 2010).

W. Benz/B. Distel (Hrsg.): Der Ort des Terrors. Geschichte der nationalsozialistischen Konzentrationslager, Band 1 bis 9 (München 2005–2009).

R. Bernbeck/S. Pollack, »Grabe, Wo Du Stehst!« An Archaeology of Perpetrators. In: Y. Hamilakis/P. Duke (Hrsg.), Archaeology and Capitalism: From Ethics to Politics (Walnut Creek 2007) 217–231.

R. Burt et al., Pointe-du-Hoc Battlefield, Normandy, France. In: D. Scot/L. Baabits/C. Haecker (Hrsg.), Fields of Conflict – Battlefield Archaeology from the Roman Empire to the Korean War (London 2007) 383–397.

S. L. Camp, Preliminary Archaeological Investigations at Idaho's Kooskia Interment Camp (May 1943–May 1945) http://www.uidaho.edu/class/kicap/pubs (Zugriff Februar 2014).

A. Cienciala et al. (Hrsg.), Katyn: A Crime Without Punishment (New Haven, London 2007).

M. L. Daly, Survey of World War II Aircraft Crash Site in and around Gander, Newfoundland. Archaeological Review 9, 2011, 27–33.

W. David: Archäologische Ausgrabungen im ehemaligen Konzentrationslager Dachau (18.9.–6.10.2000). Vorbericht (München 2001).

W. David, Archäologische Ausgrabungen in der ehemaligen SS-Schießanlage bei Hebertshausen 2001 Vorbericht (München 2003).

A. Etkind et al. (Hrsg.), Remembering Katyń (Cambridge 2012).

K. Fings/F. Möller (Hrsg.), Zukunftsprojekt Westwall. Wege zu einem verantwortungsbewussten Umgang mit den Überresten der NS-Anlage (Köln 2008).

B. Götze/J. Keil, Archäologie der Zwangsarbeit: das KZ-Nebenlager Rathenow. In: G. Morsch (Hrsg.), Die Außenlager der Konzentrationslager Sachsenhausen und Ravensbrück: Vorträge und Manuskripte des Workshops vom 17. bis 18. Oktober 2003 in der Internationalen Jugendbegegnungsstätte Ravensbrück (Oranienburg 204) 39–41.

J. Golden, Remembering Chelmno. Heart-wrenching finds from a Nazi death camp. Archaeology January–February 2003, 50–54.

I. Gutman, Encyclopedia of the Holocaust (New York 1990).

R. Hirte, Offene Befunde. Ausgrabungen in Buchenwald. Zeitgeschichtliche Archäologie und Erinnerungskultur (Braunschweig 2000).

J. Hummel, Der Bau und die baulichen Reste des Kriegsgefangenen- und Konzentrationslagers Bergen-Belsen. In: W. Wiedemann/J. Wolschke-Bulmahn (Hrsg.), Landschaft und Gedächtnis. Bergen-Belsen, Esterwegen, Falstad, Majdanek (München 2011) 103–124.

J. Ibel, Konzentrationslager Flossenbürg: Ausgrabungen und Funde. Das Archäologische Jahr in Bayern 2002, 147–149.

W. Irlinger, Archäologische Bodendenkmalpflege des 20. Jahrhunderts in Bayern. In: B. Hebert et al., Archäologie des 20. Jahrhunderts. Fundberichte aus Österreich 51, 2012, 150–155.

G. Isenberg, Zu den Ausgrabungen im Konzentrationslager Witten-Annen. In: Ausgrabungen und Funde 40, 1995, 33–37.

A. Kaltofen, Die Gedenkstätte Esterwegen, Lagertopographie und Landschaftsgestaltung auf dem Gelände des Konzentrations- und Strafgefangenenlagers Esterwegen (1933–1945). In: W. Wiedemann/J. Wolschke-Bulmahn (Hrsg.), Landschaft und Gedächtnis. Bergen-Belsen, Esterwegen, Falstad, Majdanek (München 2011) 153–177.

H. Kerscher, Kulturlandschaftsforschung oder Topografie des Terrors? Über nationalsozialistische Thingstätten in Bayern. Denkmalpflege Informationen. Bayerisches Landesamt für Denkmalpflege 151, 2012, 25–27.

H. Kerscher, Neue Beobachtungen an bayerischen Denkmälern und Kulturlandschaften durch Prospektion und ALS-DGM-Daten. Archäologisches Jahr in Bayern 2012, 179–182.

W. Klimesch/M. Rachbauer, Veritatem dies aperit – Vernichtet – Vergraben – Vergessen. Archäologische Spurensuche in Schloss Hartheim. Archäologie und Landeskunde 2007, 177–189.

R. Kok/W. K. Vos (Hrsg.), Archeologie van de tweede Wereldoorlog. Rapportage Archeologische Monumentenzorg 211 (Amersfoort 2013).

A. Koła, Bełżec, The Nazi Camp for Jewish in the Light of Archaeological Sources, Excavations 1997–1999 (Warsaw, Washington 2000).

A. Koła, Badania archeologiczne terenu byłego obozu zagłady Żydów w Sobiborze. Przeszłość i Pamięć. Biuletyn Rady Ochrony Pamięci Walk i Męczeństwa, 4, 2001, 115–122.

A. Koła, Archeologia zbrodni. Oficerowie Polscy na cmentarzu Ofiar NKWD w Charkowie, [Archäologie des Verbrechens. Polnische Offiziere auf dem Friedhof für die Opfer des NKWD in Charkiw] (Toruń 2005).

A. Koła/J. Sziling (Hrsg.), Charków – Katyń – Twer – Bykownia (Torún 2011).

J. P. Legendre, Archaeology of World War 2: the Lancaster bomber of Fléville (Meurthe et Moselle, France). In: V. Buchli/G. Lucas, Archaeologies of the Contemporary Past (London 2006) 126–137.

R. Linck/J. W. E. Faßbinder/J. Ibel, Geophysikalische Untersuchungen in der KZ-Gedenkstätte Flossenbürg, Das Archäologische Jahr in Bayern 2010, 174–176.

G. P. Megargee (Hrsg.), Encyclopedia of camps and Ghettos 1933–1945. Vol. 1: Early camps, Youth camps, and Concentration Camps and Subcamps and the SS-Business Administration Main Office (WVHA). Vol 2: Ghettos in German-Occupied Eastern Europe (Bloomington 2009).

A. Myers, The Archaeology of Reform at a German Prisoner of War Camp in a Canadian National Park During the Second World War (1943–1945). Online verfügbar: http://purl.stanford.edu/yc370rj6066 (Zugriff Januar 2014).

H. Mytum/G. Carr, Prisoners of War: Archaeology, Memory and Hertiage of 19th and 20th Century Mass Internment (New York Heidelber, Dordrecht, London 2013).

H. Natho, Bröckelnder Beton und rostender Stahl – Überreste des Zweiten Weltkrieges. In: Archäologie in Deutschland 6/2012, 60–61.

H. Neumayer, Archäologie des Grauens. Funde und Befunde des 2. Weltkrieges in Berlin. In: Der Bär von Berlin 54, 2005, 119–130.

R. O'Neil, Bełżec – the Forgotten Death Camp. East European Jewish Affairs, 28(2), 1998, 49–62.

R. O'Neil/M. Tregenza, Archaeological Investigations. A Review By Historians. Acknowledgment to The Torun Team of archaeologists and the cartographer, online verfügbar: http://www.holocaustresearchproject.org/ar/modern/archreview.html.

Ł. Pawlicka-Nowak, Archaeological research in the grounds of the Chełmno-on-Ner extermination center. In: Ł. Pawlicka-Nowak (Hrsg.) The Extermination Center for Jews in Chełmno-on-Ner in the Light of Latest Research, Symposium Proceedings September 6–7 (Konin 2004).

Ł. Pawlicka-Nowak, Archaeological research in the grounds of the Chełmno-on-Ner former extermination center. In: Ł. Palwicka-Nowak, (Hrsg.) Chełmno Witnesses Speak (Konin, Łódź 2004).

B. Perz, Verwaltete Gewalt. Der Tätigkeitsbericht des Verwaltungsführers im Konzentrationslager Mauthausen 1941–1944. Mauthausen-Studien Bd. 8 (Wien 2013).

L. Renshaw, The dead and their public. Memory campaigns, issue networks and the role of the archaeologist in the excavation of mass graves. Archaeological Dialogues 20(1), 35–47.

I. Schute, Archäologie des 20. Jahrhunderts in den Niederlanden. Fundberichte aus Österreich 51, 2012,130–135.

G. Schwarz, Die nationalsozialistischen Lager (Frankfurt am Main 1996).

O. Seitsonen/V-P. Herva, Forgotten in the Wilderness: WWII German PoW Camps in Finnish Lapland. In: A. Myers/G. Moshenska (Hrsg.), Archaeologies of Internment (New York 2013) 171–190.

J. E. Snead, Teaching the Archaeology of War. In: M. Rockman/J. Flatman (Hrsg.), Archaeology in Society. Its Relevance in the Modern World (New York 2012) 217–229.

R. Sommer, Das KZ-Bordell. Sexuelle Zwangsarbeit in nationalsozialistischen Konzentrationslagern (Paderborn 2009).

H. Stadler, Die Kosaken im Ersten und Zweiten Weltkrieg (Innsbruck 2008).

M. T. Starzmann, Excavating Tempelhof airfield: objects of memory and the politcs of absence. In: Rethinking History. The Journal of Theory and Practice, November 2013, 1–19.

Stiftung Topographie des Terrors (Hrsg.), Topographie des Terrors. Gestapo, SS und Reichsicherheitshauptamt in der Wilhelm- und Prinz-Albrecht-Straße. Eine Dokumentation (Berlin 2010).

C. Sturdy Collls, Holocaust Archaeology: Archaeological Approaches to Landscapes of Nazi Genocide and Persecution. Journal of Conflict Archaeology 7/2, 2012, 70–104.

The United States Holocaust Memorial Museum: Encyclopedia of Camps and Ghettos 1933–1945, Volume I, Part A (Bloomington 2009).

Cl. Theune, Historical archaeology in national socialist concentration camps in Central Europe. Historische Archäologie. Onlinezeitschrift 2010.

Cl. Theune, Archaeological research in former concentration camps: In: N. Mehler (Hrsg.), Historical Archaeology in Central Europe. Society of Historical Archaelogy Special Publications (Rockville 2013) 241–260.

J. Thomas, Archaeological Investigations of Second World War prisoner of War Camp at Fort Hood, Texas. In: A. Myers/G. Moshenska (Hrsg.), Archaeologies of Internment (New York 2013) 147–169.

Chr. Threuter, Westwall. Bild und Mythos (Petersberg 2009).

R. Tzalmona, Traces of the Atlantikwall or the Ruins that were Built to last. In: Third Text, 25/6, 2011, 775–786.

M. R. Waters/M. Long/W. Dickens, Lone Star Stalag: German Prisoners of War at Camp Hearne (Texas A&M University Press 2004).

M. Weinmann (Hrsg.), Das nationalsozialistische Lagersystem (Catalogue of Camps and Prisons in Germany and German-Occupied Territories 1939–1945 [CCP]) (Frankfurt am Main 1990).

J. A. T. Wijnen/I. Schute, Archeologisch onderzoek in een »schulig landschap«: Concentratiekamp Amersfoort. RAAP-Rapport 2197, 2010.

W. Willems/H. Koschik, Der Westwall. Vom Denkmalwert des Unerfreulichen. Führer zu archäologischen Denkmälern des Rheinlandes Bd. 2 (Köln 1997).

Der Kalte Krieg

T. Dressler, Grenzerfahrungen. Mauer und Todesstreifen an der Bernauer Straße, Berlin-Mitte. In: Archäologie in Berlin und Brandenburg 2010, 2012, 178–181.

T. Dressler, Die Mauer ist weg – aber nicht ganz. Spurensuche an der Bernauer Straße, Berlin-Mitte. In: Archäologie in Berlin und Brandenburg 2007, 2009, 180–182.

T. Dressler/Th. Kersting, Ausgang gefunden. Berliner Mauer und Aagaard-Fluchttunnel in Glienicke/Nordbahn, Lkr. Oberhavel. In: Archäologie in Berlin und Brandenburg 2011, 2012, 163–167.

M. J. F. Fowler, The application of declassified KH-7 GAMBIT satellite photographs to studies of Cold War Material Culture: a Case Study from the former Soviet Union. Antiquity 317, 2008, 714–731.

T. Hanson, Uncovering the Arsenals of Armageddon: The Historical Archaeology of North American Cold War Ballistic Missile Launch Sites. Archaeological Review from Cambridge 25/1, 157–172.

R. Harrison/J. Schofield, After modernity. Archaeological approaches to the contemporary past (Oxford 2009).

R. Hirte, Offene Befunde. Ausgrabungen in Buchenwald: Zeitgeschichtliche Archäologie und Erinnerungskultur (Braunschweig 2000).

A. Klausmeier/G. Schlusche, Denkmalpflege für die Berliner Mauer: Die Konservierung eines unbequemen Bauwerks (Berlin 2011).

A. McWilliams, An Archaeology of the Iron Curtain. Material and Metaphor (Stockholm 2013).

I. Reich, »Bittersüß. Geschichte(n) des Hungers: Zuckerdosen aus dem sowjetischen Speziallager Sachsenhausen 1945–1950«: Eine Sonderausstellung in der Gedenkstätte und Museum Sachsenhausen, Gedenkstättenrundbrief 132, 2006, 34–40.

K. Wagner, Neuzeit. In: Berlin. Ausflüge im Spree-Havel-Gebiet. Führer zu Archäologie, Geschichte und Kultur in Deutschland 58 (Stuttgart 2014).

J. Schofield/W. Cocroft (Hrsg.), A Fearsome Heritage – Diverse Legacies of the Cold War (Walnut Creek 2007).

K. Wagner, Die Berliner Mauer. Ein Geschichtsmonument von hoher Brisanz. In: Archäologie in Deutschland 1/2009, 70.

F. Wormann, Archeological Investigations at the U.S. Atomic Energy Commission's Nevada Test Site and Nuclear Rocket Development Station (University of California 1969).

Archäologie jenseits von Konflikten

D. Hopp (Hrsg.), Industrie. Archäologie. Essen. Industriearchäologie in Essen (Essen 2011).

J. Klápště (Hrsg.), The rural house from the migration period to the oldest still standing buildings. Ruralia IV= Památky Archaologucké Supplementum 15 (Prag 2002).

L. McAtackney, An Archaeology of the Troubles. The dark heritage of Long Kesh/Maze prison (Oxford 2014).

H.-J. Przybilla/A. Grünkemeier (Hrsg.), Denkmäler3.de – Industriearchäologie. Tagungsband des interdisziplinären Kolloquiums vom 5.–7. November 2008 in Essen, Zollverein School (Aachen 2009).

W. Rathje/C. Murphy, Rubbish! The Archaeology of Garbage (Tucson 2001).

A. Scholz, Siedlungsentwicklung und Baugeschichte bäuerlicher Gehöfte in Breunsdorf, Breunsdorf 1 (Dresden 1998).

R. Smolnik (Hrsg.), Breunsdorf – Ein verschwundenes Dorf im westsächsischen Braunkohlenrevier. Archäologischer Befund und schriftliche Überlieferung. Breunsdorf 3 (Dresden 2011).

Cl. Theune, Goldbergbau im Gasteiner Tal. In: Cl. Theune et al. (Hrsg.), Stadt – Land – Burg. Festschrift für Sabine Felgenhauer-Schmiedt zum 70. Geburtstag (Rahden/Westf. 2013) 395–404.

P. Vařeka (Hrsg.), Archeologie 19. a 20. století. Přístupy – Metody – Témata (Archäologie des 19. und 20. Jahrhunderts. Zugriff – Methoden – Themen) (Plzeň 2013).

Archäologie und Erinnerungskultur

A. Assmann, Erinnerungsräume. Formen und Wandlungen des kulturellen Gedächtnisses (München 1999).

E. François/H. Schulze (Hrsg.): Deutsche Erinnerungsorte. 3 Bde. (München 2009).

A. Assmann, Geschichte im Gedächtnis. Von der individuellen Erfahrung zur öffentlichen Inszenierung (München 2007).

J. Assmann/J. Czaplicka, Collective Memory and Cultural Identity. New German Critique 65, 1995, 125–133.

A. Erll, Kollektives Gedächtnis und Erinnerungskulturen (Stuttgart, Weimar 2011).

W. Logan/K. Reeves (Hrsg.), Places of Pain and Shame. Dealing with »Difficult Heritage« (London 2009).

S. May/H. Orange/S. Penrose (Hrsg.), The Good, the Bad and the Unbilt: Handling Heritage of the recent past. Studies in Contemporary and Historical Archaeology. BAR int Ser. 2362 (Oxford 2012).

H. R. Meier/M. Wohlleben (Hrsg.), Bauten und Orte als Träger von Erinnerung. Die Erinnerungsdebatte und die Denkmalpflege (Zürich 1998).

P. Nora, Between Memory and History. Les Lieux de Mémoire. Représentations 26, 1989, 7.24.

P. Nora (Hrsg.), Zwischen Geschichte und Gedächtnis (Frankfurt am Main 2001).

St. Porombka/H. Schmundt, Böse Orte. Stätten nationalsozialistischer Selbstdarstellung – heute (Berlin 2005).

W. Seidenspinner, Authentizität. Kunsttexte.de 4, 2007, 1–20.

Cl. Theune, Identity Establishing Heritage Sites? Memory, Remembrance and Commemoration at Monuments and Memorials. In: R. O'Ríagáin/C. N. Popa, Archaeology and the (de)construction of National and Supra-National Polities. Archaeological Review from Cambridge Vol. 27.2 November 2012, 161–177.

Bildnachweis

Frontispiz, S6/7, S8, S14, S16, S27, S29, S39–41, S42u, S45, S47u–48, S49o, S50o, S52–53, S62, S66, S69, S72, S74, S76, S78/79o, S80u, S81–83o, S84–85, S90–91o, S97–98 UHA Wien, Claudia Theune; S9 KZ-Gedenkstätte Flossenbürg, Foto: ArcTron 3D GmbH; S10o/S11, S42o, S43 WHP-Archäologiebüro, Foto: Johannes Weishaupt, Löwenberger Land; S10u, S28o, S37, S64ml, S64ul, S64ur, S83u UHA Wien, Judith Benedix; S13 © Landesamt für Archäologie, Sachsen. Umzeichnung: © Landesamt für Archäologie, Sachsen. Aufnahme: S. Krabath; S15 Historic American Building Survey/Historic American Engineering Record/Historic American Landscapes Survey, Library of Congress, HAER HI,2-HONLU,31- (sheet 3 of 4); S17 © English Heritage; S20, S21u, S64o, S75, S77o, S77m, S79m, S79u, S80o Anne Kathrin Müller, Berlin; S21o BDA; S22o BLDAM, Wünsdorf, D. Sommer; S22u Quelle: Totenbuch Mauthausen [Mauthausen Death Book], 08/10/1940-03/26/1942; National Archives Collection of World War II War Crimes Records, 1933-1949, Record Group 238; [online version available through the Archival Research Catalog (ARC identifier 305268) at www.archives.gov; May 26, 2014]; S23 © Amical de Mauthausen; S24 Quelle: (Pavel Fantl: Metamorphosis, Theresienstadt 1944. Einzelblatt mit 4 Darstellungen, Aquarell, Tusche auf Papier (19x27 cm): Yad Vashem 2147-A-083); S26 © Imperial War Museums (UNI 8312); S28u Alain Jacques / Service archéologique Arras; S30–31 © Gilles Prilaux, INRAP; S32–33 Landesamt für Denkmalpflege und Archäologie Sachsen-Anhalt, Grafik: K. Ulrich; S35 picture alliance / Sueddeutsche Zeitung Photo; S36, S61 Marek E. Jasinski; S38 Foto/Quelle: FSB Archiv, Moskau; S44o Luftbilddatenbank Dr. Carls GmbH; S44u Bundesamt für Eich- und Vermessungswesen, EGA 2144364; S46o, S49ol Quelle: Mauthausen Memorial, FNDRP; S46u UHA Wien, Barbara Hausmair; S47o UHA Wien, Iris Winkelbauer; S49or ArcheoProspections; S50u, S63 KZ-Gedenkstätte Flossenbürg; S51 ARDIG, Foto: Roman Igl; S54 UHA Wien, Grafik: Isabella Greußing; S56 aus: Andrzej Kola: Bełżec. The Nazi Camp for Jews in the light of archaeological sources. Excavations 1997–1999, Fig. 2–4; S57 RAAB, Foto: Ivar Schute; S58 ARCHEONOVA, Foto: Wolfgang Klimesch; S59 Landesamt für Vermessung und Geoinformation; Bearbeitung: H. Kerscher, BLfD; S60 Wolfgang David; S64 mr, S65o, S65m Stiftung Gedenkstätten Buchenwald und Mittelbau-Dora; S65u FU Berlin, J. Meyer; S67o Ute Bauer, Erinnerungsort Flakturm. Der ehemalige Leitturm im Wiener Arenbergpark, Phoibos Verlag Wien, 2010. if-ag.org, Foto: Helmut K. Lackner; S67u Ute Bauer, Erinnerungsort Flakturm. Der ehemalige Leitturm im Wiener Arenbergpark, Phoibos Verlag Wien, 2010. if-ag.org, Foto: Stephan Matyus; S70 Dieter Stockmann; S71 picture alliance / ASSOCIATED PRESS; S73o BLDAM; S77u BLDAM, Wünsdorf / Stiftung Brandenburgische Gedenkstätten; S86 Torsten Dressler; S88 © Landesamt für Archäologie, Sachsen. Aufnahme: O. Braasch; S89 © Landesamt für Archäologie, Sachsen; S91u Kathrin Misterek und Paul Mitchell; S92 Horst Bühne, Essen; S93 Detlef Hopp, Essen; S95 picture-alliance / ZB/ euroluftbild.de; S99 picture alliance / Everett Collection; S101 © INSADCO Photography / Alamy; S102o, S104u © Caro / Alamy; S102u © Andy Christiani / Alamy; S103 © imageBROKER / Alamy; S104o © blickwinkel / Alamy; S105 © Julie g Woodhouse / Alamy.

Leider ist es uns nicht immer möglich, den Rechtsinhaber ausfindig zu machen. Berechtigte Ansprüche werden selbstverständlich im Rahmen der üblichen Vereinbarungen abgegolten.